Jungen • Nandor Papoň

Edition AVRA

In eigener Sache

Die Dimension der hier zusammengetragenen Forschungsergebnisse hat uns Autoren aufs Höchste überrascht.Viele Fakten drohten unsere Vorstellungskraft zu sprengen.Wir waren uns einig:das hier vorliegende Forschungsmaterial wird das Fassungsvermögen des ahnungslosen Normalbürgers schnell an seine Grenzen geraten lassen.Und besteht überhaupt eine Bereitschaft sich mit dem Pubertätsthema um Jungen derartig intensiv und von grund- auf auseinanderzusetzen?Zumal die Fülle der Publikationen unüberschaubar geworden ist?Aber ein „Herumdoktern"an Symptomen wie oft üblich kam für uns nicht infrage.Und dann war die Faszination des Themas so groß das wir uns dem nicht mehr entziehen konnten.Insbesondere die Tatsache, dass Jungen - zumindest für einen gewissen Zeitrum über yogistische Fähigkeiten verfügen und sich dessen noch nicht einmal bewusst sind.

Somnambulismus oder Nachtwandeln sind bei Jungs Standard. Sie können derartig tief in den Schlaf sinken, dass auch die lautesten Störungen sie nicht aufzuwecken vermögen.Alleine schon in der abnorme Schlaftiefe des Jungen wird ein hinlängliches Anzeichen für die mystische Veranlagung gesehen. Darauf wird in unserem Werk ausführlich eingegangen. Das sich aber das Weltendrama nun ausgerechnet im Kopf von Jungs abspielt, hat uns „umgehauen." Wir aber nehmen diese Jungen mit der mehr oder weniger ausgeprägten Kopfform nach hinten/oben und dem dadurch so klein wirkendem Gesicht im Rahmen unserer Jungenforschung ganz bewusst und entschieden wahr(Da wo Frauen sich die Haare zeitaufwendig hochstecken oder hochföhnen).Es ist uns eine wesentliche Bereicherung geworden. Einstige Hochkulturen entstanden, als man diese Zusammenhänge zumindest"erahnte",sie förderte und in die wichtigsten Entscheidungen mit einfließen ließ. Dabei ging es immer um FREIHEIT! "Gymnasium" war eine Turnschule für Jungen. Das kommt von „gymno" und ist lateinisch. Erstaunlich das sie nicht wegrannten und sich freiwillig „opferten." Die Grundstruktur der damaligen Gesellschaft nannte man „Freiheitlich-Demokratische-Grundordnung." Diese entsprang der damals praktizierten erziehungswissenschaftlichen Forschung, die sich „Pädagogik" nannte. Heute werden die Jungs aus der Gesellschaft einfach weggeleugnet. Es scheint sie garnicht zu geben. Man sieht sie nicht auf Plakate, nicht auf Büchern, nicht in Zeitschriften. Kinder,alte Leute und Arme durften teilhaben an allen kommunalen Einrichtungen – kostenlos. Und noch heute sollen in den großen Städten unbekleidete Jünglings- und Männerstatuen stehen. Und Elias in „Schlafes Bruder"liegt nicht zufällig nackend auf dem weißen Stein im Bergsee, während er sich seinen Meditationen hingibt. Hadern sie nicht mit dem Zustand der Welt, sondern ziehen sie ihren Nutzen aus DIESEM(!) Buch, das sie nicht zur mehr Seite legen wollen.

Nandor Papoň

JUNGEN

Das Schicksal der Welt im Kopf

Messtechnisch nachgewiesen und erkennbar an der auffallend nach hinten/oben gewölbten Kopfform, sowie an ihren oft unerklärlichen Leistungen.

Bibliografische Information der Deutschen Nationalbibliothek
Die Deutsche Nationalbibliothek verzeichnet diese Publikation in der Deutschen Nationalbibliografie; detaillierte bibliografische Daten sind im Internet über http://dnb.d-nb.de abrufbar.

Rheinstraße 46, 12161 Berlin
Telefon: 0 30 / 76 69 99-0
www.frieling.de

ISBN (Print): 978-3-8280-3616-1
1. Auflage 2021
Verantwortlich für den Inhalt und Textqualität: Autor
Umschlaggestaltung: Emil Roth
Bildquelle: pixabay

Printed in Germany

Wenn ein Junge mit der Lüge lebt,
lernt er gewalttätig zu sein.

Wenn ein Junge mit Scham lebt,
lernt er sich schuldig zu fühlen.

Wenn ein Junge mit Wahrheit lebt,
lernt er zu vertrauen.

Wenn ein Junge mit Vertrauen lebt,
lernt er Freunde zu finden.

Wenn ein Junge mit Freundschaft lebt,
lernt er Friedfertigkeit.

Wenn ein Junge Liebe findet,
lernt er glücklich zu sein.

Übersetzung einer Felsinschrift in einer Felsgrotte einschließlich Weihe- und Gedenkstätte im ehemals maurischen Spanien.

Inhalt

Vorwort zu einem bisher noch wenig erschlossenen Thema

Als Autor dieser Zeilen hatte ich zunächst bestenfalls eine vage Vorstellung davon, wer Jungen eigentlich sind (Weiteres zur Person des Autors finden Sie in der Zusammenfassung … und im Schlusswort am Ende dieser Schrift).

Dass sie möglicherweise »Botschaften« im »Gepäck« mit sich führen, offenbarte sich mir erst nach und nach. Doch wie entstand bei mir diese Vermutung?

Als Voraussetzung für die Entfaltung des vollen kreativen Potentials und seiner möglicherweise besonderen Anlagen ist beim Menschen der harmonische Grundzustand des Bewusstseins unabdingbar. Doch dies wiederum ist an die Fähigkeit gebunden, sich bis ins Extreme hinein zu entspannen. Und hier nehmen Jungen eine absolute Sonderstellung ein. Meine Neugierde war geweckt, denn nichts in der Natur geschieht rein zufällig; alles folgt einem bestimmten Schöpfungsplan.

Zur Erklärung der manchmal phänomenalen Fähigkeiten von Jungen (darum geht es hier) beziehe ich mich auf die heute weit fortgeschrittene moderne Naturwissenschaft. Die Supergravitationstheorie der Quantenphysik wird als Feld reiner Intelligenz beschrieben. Die Quantenfeldtheorie identifiziert das »Superteilchen« als »Kern reinen Wissens«. Diese theoretische Grundlage schicke ich voraus; gewissermaßen als »Brücke« dafür, was ich auf den folgenden Seiten deutlich zu machen versuche. Zugleich verbinde ich damit die Erwartung, dieses Jungen-Forschungsprojekt der Öffentlichkeit so besser vermitteln zu können.

Der Autor geht u. a. der Frage nach, ob Jungen im absoluten Tiefschlaf gewissermaßen »Schwerstarbeit« verrichten; in einem Tiefschlaf, aus dem sie allerdings erfrischt und gestärkt wie sonst kaum jemand erwachen. Und scheinen sie nach dem Aufwachen nicht irgendwie von ganz weit zurückzukehren? Möglicherweise mit Visionen und höheren

Einsichten im »Gepäck«? Und kann man es sich überhaupt noch leisten, das weiterhin zu ignorieren? Es steht jedenfalls fest: allein mit dem rationalen Verstand der Erwachsenen konnte bisher noch kein einziges, wichtiges, weltweites Problem gelöst werden.
Der Autor will es nicht bei Spekulationen über besondere Anlagen von Jungen belassen, sondern versucht sie als Visionäre und Grenzgänger zwischen den Welten darzustellen. Ich werde daher versuchen, die verschiedenen Aspekte der phänomenalen Begabungen und Talente von Jungen transparent zu machen. Diese kleine Schrift will den interessierten Leser dazu bewegen, seine bisherige Einstellung zu Jungen zu überdenken, zum Handeln anregen und zugleich etwas Hoffnung und Glauben an eine schönere Welt vermitteln.
Da ist z.B. die Pubertät als markanter Einschnitt im Leben eines Jungen. Diese Erscheinung der Pubertät wird ganz überwiegend als negative und hoffentlich bald vorübergehende Phase wahrgenommen. Doch in Wahrheit sind sie „...origineller, kreativer, idealistischer als Erwachsene." GEO, Nr. 34 S.155 in „Heldenreise in ein neues Leben."
Bisher schien es ungeklärt, was die Pubertät auslöst. Die große Unsicherheit zeigt sich in einer Fülle von Publikationen ebenso wie das riesige Interesse an dem Thema. Der absolute Tiefschlaf bei Jungen bringt die P. in Gang. Nicht die Jungen sind das Problem, sondern der kulturelle Hintergrund. Jungen träumen davon, die Welt zu verändern. Sie besitzen einen überschäumenden Reichtum an inneren Vorstellungen und werden angetrieben von der Kraft ihrer Seele. Im zwanglosen Spiel offenbaren sie dem Arzt, Anwalt, Architekt, Ingenieur usw. zumeist nonverbal die richtigen Entscheidungen zu treffen, sofern man den Mut hat, sich ohne wenn und aber auf sie einzulassen.

Einleitung

Nach der Jahrtausendwende haben sich verschiedene führende Wochenzeitungen mit Jungen unter dem Problemaspekt in Deutschland befasst:

»Geo« 2003: Jungs; werden sie zu Sorgenkindern der Gesellschaft?
»Focus« 2002: Arme Jungs; warum Mädchen besser dran sind.
»Stern« 2000: Jungs, das schwache Geschlecht.
»Geo« 2004: Das Unbewusste. Die Kraft, die uns bremst und treibt.

Eine umfassende Diskussion über die wahren Ursachen der Probleme konnte ich bislang nirgends feststellen. In Bezug auf die Akzeptanz, Präsenz, Wahrnehmung und Darstellung von Jungen in der breiteren Öffentlichkeit besteht ein großes Defizit. Es scheint eine große Ignoranz, Scheu – ja Ängstlichkeit verbreitet zu sein, sich mit ihnen eingehend auseinanderzusetzen und sie am gesellschaftlichen Leben besser teilhaben zu lassen. Dies hat fatale Auswirkungen zur Folge, steht aber ganz im Gegensatz zu ihrer deutlichen Präsens und ihrer Kommerzialisierung in der Werbung als Sympathieträger oder in der Anonymität des Internet.
All diese Umstände erregten meinen Widerspruch und meine Neugierde. Ich begann damit, mir zusätzlich zu den pädagogischen Standards weitere Informationen zu beschaffen. Die Außergewöhnlichkeit des zusammengetragenen Materials sowie meine eigenen Beobachtungen und Erfahrungen »zwangen« mich geradezu es niederzuschreiben.
Das »Ministerium für Soziales, Gesundheit, Familie, Jugend und Soziales des Landes Schleswig-Holstein« greift das Jungenproblem seit wenigen Jahren offiziell auf Landesebene auf. Die »Landesarbeitsgemeinschaft Jungenarbeit Schleswig-Holstein« formuliert in ihrem Flyer: »... Die alten Vorstellungen, wie ein Junge / Mann zu sein hat,

greifen nicht mehr durchgängig. Daher brauchen Jungen ... Schon- und Freiräume und eine Begleitung durch Männer (und Frauen), die situationsangemessen wertschätzend ist.«

Menschen machen mitunter die Erfahrung, dass von bestimmten Personengruppen eine große Kraft auszugehen scheint. Diese Kraft ist schwer zu definieren; sie kann sich sehr wohltuend auf die eigene körperliche und seelische Befindlichkeit auswirken: Es ist, als wenn man »aufgeladen« wird. Darauf bezieht sich der Artikel aus »Geo«, 2004, den ich aus diesem Grunde hier mit aufgenommen habe.

Zu meiner großen Verblüffung und zu meiner Verwunderung scheint unter dem Aspekt Kraft wiederum Jungen eine überragende Bedeutung zuzukommen, was ich herauszuarbeiten versuchen werde.

Im erweiterten Zusammenhang möchte ich hier auch die Anthroposophie Rudolf Steiners ansprechen.

Die Anthroposophie Rudolf Steiners und die Theosophische Gesellschaft (TG) um Blavatsky, Leadbeater, Besant waren an Goethes märchenhafter Dichtung ausgerichtet. Das tiefe Interesse des Menschen für das real Geistige führte zur Gründung dieser Organisation. Als man sich aber in der TG nicht einig war und einen Hinduknaben (Krishnamurti) als neuen Heilsbringer verkündete, führte dies zum Bruch der christlich geprägten TG. Jesus, Krishnamurti, Das goldene Kind... stets sind es Jungen, die die Welt »retten« sollen, zumal sie es wunderbar verstehen, Menschen in ihren Bann zu ziehen und zu verzaubern.

Jungen und ihre spezifischen Eigenarten

Nachdem die Existenz einer kosmischen Urkraft immer mehr diskutiert wird, gerät eine ganzheitliche Sichtweise des Menschen zunehmend in den Blickpunkt. Dies entspricht allerdings nicht dem gängigen empirisch/analytischen Wissenschaftsansatz. Extreme, ungewöhnliche Entspannungszustände sind besonders bei Personen im Übergangsalter zwischen Kind und Erwachsener mittels Plethysmograph gemessen worden. Aber es gibt auch Studien über das normale Schlafverhalten: Jungen wurden hier eindeutig als »Tiefschlaf-Weltmeister« ausgewiesen. Starke elektromagnetische und elektrostatische Felder sind messtechnisch bei tief entspannten Menschen festgestellt worden, bes. bei naturnahen, unverbildeten, körperlich und psychisch intakten Personen. Diese extreme Entspannung ähnelt oftmals einer Art Trance. Bisweilen stellt sich auch Mediumismus ein. Es entsteht eine abnorme magnetische Bedingung auf das Quantenfeld, auch »Heim aller Naturgesetze« genannt. Das, was wir heute als Quantenfeld diskutieren, ist dass, was wir gemeinhin Himmel nennen.

Wenn die Ägypter bei ihren Großbauten nicht weiterwussten, fragten sie ihre Jugend (vorzugsweise männlich, und sehr jung): »Meister(!), was sollen wir tun?« Diese versetzten sich daraufhin in eine Art Tagtraum – bzw. Wachkoma (wie wir es vergleichbar auch im Schamanismus vorfinden) – und wussten die Lösung des Problems. Auch später in hellenistischer Zeit wusste man um die Ausstattung einer bestimmten Personengruppe mit einer Art höherem Wissen und von deren Fähigkeit mittels Versenkung eine Verbindung herzustellen zu Kraft, Schönheit, Harmonie, Intelligenz, Ausgewogenheit. Und natürlich auch zu der Heilkraft. Die Natur wollte gar nicht, dass Menschen leiden, sofern sie ihre Gesetze kennen und befolgen.

Demzufolge wurden Jünglingsgestalten mit Flügeln ausgestattet – Engel eben, und bekamen sogar den Götterstatus. Auch der Kult um das Jesuskind folgt dieser Intention. Doch werden durch abfällige Selbstgerechtigkeit, festzementierte Arroganz und Ignoranz diese begabten Personen daran gehindert, sich zu entfalten und mit den ordnenden Kräften des Kosmos in Verbindung zu treten, ist der Mensch verloren!

Erwachsene lassen sich auch durch immer neue Misserfolge, die sie produzieren, in ihrem Tun nicht beirren.

Bereits 1994 wurde in der Hamburger Bürgerschaft eine »völlig neue Kinder- und Jugendpolitik« gefordert. Der damalige Zustand wurde als »Skandal« bewertet. »Es müsste … die Teilhabe von Kindern und Jugendlichen in allen gesellschaftlichen Bereichen gestärkt werden.« Passiert ist seitdem so gut wie nichts. Als 2008 eben diese Bürgerschaft das Thema Kinder auf der Tagesordnung fand, verließen fast alle Abgeordneten den Saal: wie abgesprochen mussten sie zur Toilette oder telefonieren oder Kaffee trinken.

Der Umgang mit und ihre Wertschätzung – bes. von Jungen – ist in vielen Ländern höchst widersprüchlich. Ein kleiner englischer Junge (David, 7J.), kommt vom Zahnarzt und unterhält sich im Auto mit seinem Vater über seine Zahnlücke, wobei er noch halb benommen ist. Dieses Video »After the Dentist« wurde über 100 Millionen Mal angeklickt (You Tube). David hat sogar eine eigene Merchandising-Firma mit Käppis, Tassen, T- Shirts usw., die mit seinem Bild verziert sind. Anderes Beispiel: Produkte verkaufen sich besser über einen Sympathieträger. Ich habe Werbespots mit einem solchen Sympathieträger quer durch die TV-Landschaft in einem Zeitraum von 8 Wochen beobachtet. 21-mal agieren nur Jungen als Werbeträger, nur Mädchen 2-mal, und gemischt waren es 3 Werbespots. Warum schneiden die Jungen im Vergleich mit den hübschen Mädchen so viel besser ab? Und warum schaffen es Jungen oft, sich so in den Vordergrund zu spielen? Wenn man ihnen den dafür nötigen Freiraum gewährt.

Haben Jungen etwas schwer Definierbares an sich, das Menschen tief in ihrem Innern anspricht? Oder etwas tief in ihrem Innern, das nach außen strahlt, und uns irgendwie anrührt – Engel eben? (Ich

weiß, wie kitschig das klingt.) Zumal ja nach landläufiger Auffassung das weibliche Geschlecht als das Schönere gilt?
Verfügen sie vielleicht über – zumeist verschlüsselte – Botschaften von großer Wichtigkeit, die irgendwie mitschwingen? Von den Erwachsenen allerdings nicht ernst genommen, weil sie darüber keine Informationen haben und es sowieso nicht in ihr Weltbild passt?
Die Existenz einer externen Kraft, die von außen auf uns einwirkt und unsere Handlungen beeinflusst, gewinnt vor allem in bestimmten Kreisen immer mehr an Bedeutung: Physiker, Mathematiker z. B., die früher an nichts Höheres glaubten, sind plötzlich gläubig geworden (s. Gebr. PENROSE, 1995). Auch Computerfachleute forschen zunehmend nach dieser kosmischen Urkraft und Intelligenz.
Wenn wir in ihre Augen schauen, fehlen uns dafür die Worte. Wir stürzen in einen tiefen Brunnen, das ist etwas, was sie als Erwachsene nie wieder haben werden. HENNING KÖHLER (2008) nennt den Blick in die Augen eines Neugeborenen „genauer als 100 Seiten Kant". Doch uns fehlt dazu noch die Qualität, es wahrzunehmen. Nach R. Steiner sind wir heute noch lange nicht soweit, für einen Blick, der uns bis ins Mark erschüttert. Es geht um eine andere Form der Wahrnehmung, nicht um das philosophieren. Köhler zitiert dazu aus einem Vortrag von R. Steiner: „Was tut der Engel im Astralleib?" Sind Knaben gar ein Experimentierfeld der Götter? Wir müssen unsere Wahrnehmung schärfen. Z. B. in Bezug darauf, wie bewegt sich das Kind: „Heb deine Füße, schlurf nicht ...." Aber warum muss jemand Füße heben? Kann diese besondere Art, mit nach innen gekehrten Füßen zu gehen, nicht etwas Entzückendes sein? Und geht es dabei vielleicht darum, die Schwerkraft zu verstärken, um den Kontakt zum Boden nicht zu verlieren? Um letztendlich nicht davon zu fliegen? Wir müssen lernen, solche Besonderheiten zunächst einmal zu sehen, nicht nur zu bewerten.
Und das Schlafverhalten. „Im Bett hin und her geworfen, den Mund etwas geöffnet, leise säuselt der Atem... die Haare wie aufgedreht, in verschiedene Richtungen nach oben stehend ....

Wie sich quantenfeldbezogene Aktivität entfaltet

Alle sind sich darüber einig: aus Kindern soll einmal erwas erfolgreiches, Intelligentes, Kreatives, Grosses und Schönes werden. Und einige wissen, das der Grundstein dafür bereits in der Kindheit gelegt werden muß. Dafür ist unter anderem entscheidend, etwas Interressantes, Anregendes anzubieten und entsprechende Freizeitgestaltung zu organisiern. Eingebunden in einem harmonischen Umfeld ist der erwünschte Erfolg nicht zu verhindern. So vollzieht sich die Wahrnehmung der inneren Göttlichkeit unserer Natur, bis es irgendwann das ganze Wesen durchflutet und seelisches Fühlen ermöglicht. Das ist der Beginn der Entfaltung von allem, was wirklich gut werden soll. Dazu gehört besonders auch die Entfaltung visionärer und spiritueller Kraft. Dazu einige Bildbeispiele von meinen Wanderfahrten im Rahmen meines Praktikums, wo das Erleben von Freiheit und Abenteuer im Mittelpunkt steht. Die Wohlfühlathmosphäre der Bilder spricht für sich selber und erübrigt diesbezügliche Kommentare. (siehe dazu auch Näheres im Schlußwort: Übertragungsprozeß...)
Wie schon andernorts ausgeführt, sind Kinder um nichts mehr besorgt, als um die Anerkennung ihres Wertes durch die Gesellschaft in der sie Leben. Dieses Ur-Grundbedürfnis wird je-

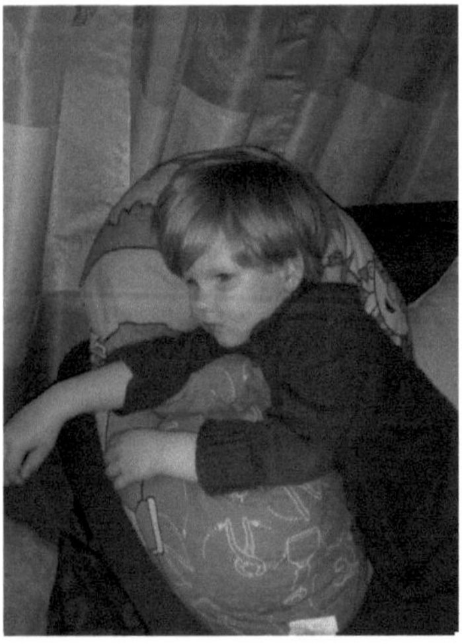

Noch etwas verquollen: Rückkehr nach langer „Reise", am Morgen nach dem Aufwachen

Dirk (12) hat Hund Benny eingekleidet

doch allzuoft weder erkannt noch gewürdigt, bzw völlig ignoriert. Doch ausgerechnet in der Werbebranche -ich weiß keinen besseren Ort- gibt es gelegentlich Vater/Sohn-Beziehungen als Werbeträger für die unterschiedlichsten Produkte oder Dienstleistungen. Sind Handlung und Darsteller gut geplant, schwingt neben der eigentlichen Werbebotschaft (nämlich etwas zu verkaufen) wahrscheinlich ungewollt und rein zufällig noch etwas anderes mit: ein mehr oder weniger ausgeprägter spiritueller Background (zumeist nur für den Insider erkennbar).

Dazu einige Beispiele:

Kulisse: Vermutlich das Büro eines seriösen und erfolgreichen Geschäftsmannes in gehobener Position oder selbstständig (spielt dort vermutlich die Rolle eines Vaters). Er sitzt auf seinem Bürostuhl und hat einen Telefonhörer in der Hand, telefoniert und lacht dabei glücklich und entspannt. Unmittelbar gegenüber (in Reichweite) etwas erhöht sitzt (!) auf seinem Schreibtisch ein sehr gepflegt wirkender Junge (ca 12 / 13)und sieht ihm ins Gesicht. Was könnte der Vater verlauten lassen? Etwa: „Ich weiß auf einmal, wie wir die Maschine (oder das Haus) bauen."

Weiteres Beispiel:
Junge flüstert einer erwachsenen männlichen Person etwas ins Ohr (guckt dabei um sich, ob auch wirklich niemand in der Nähe ist). Der Erwachsene lächelt erwartungsvoll. Der Flüstertext könnte etwa lauten „Das muß aber unter uns bleiben." Doch in dieser Szene schwingt noch etwas anderes, schwer definierbares mit (wirkt wie Schlag in die Magengrube).

Drittes Beispiel:
Eine Fußball-Herrenmannschaf in Linie angetreten. Dabei ein kleiner Junge in einer Lücke in der Mitte, blickt schräg nach oben zu den hinter ihm stehenden Männern und versprüht dabei von seinem Kopf ausgehend goldene Strahlen auf die Fußballspieler Die unausgesprochene Botschaft könnte lauten: „Heute mach ich Euch zu Giganten (in Bezug auf das gleich beginnende Fußballspiel-und in Bezug zu R. M. Rilke:, ...manchmal werden sie zu Giganten. '). Die Jungen eben.

Viertes Beispiel:
Das Wunderkind Tate (Fi l m mit Jodie Foster). Tate komponiert bereits mit 7 Jahren Opern und löst schwierige mathematische Aufgaben,die selbst der Professor nicht konnte. Als sich die Psvchologin (J.Foster) in den Jungen verliebt, entbrennt ein Kampf auf Biegen und Brechen mit der Mutter des Jungen um dessen Liebe (und seiner spirituellen Kraft). (S. a. dazu bes. Abschnitt „Was tut der Engel im Astralleib?" sowie besonders die Kapitel am Anfang. Die Hintergründe und tieferen Deutungen der hier vorgestellten Beispiele sind mit den herkömmlichen westlichen Vorstellungen nur schwer zu vereinbaren. Auch dürfte es schwierig sein, vor einem westlich geprägten, akademischen Gremium mit dieser Thematik zu bestehen. Ich möchte noch anfügen, da die mir persönlich bekannten Jungen außerordentlich erfolgreiche Männer wurden und sich zudem aufallend viele Kinder leisten konnten; nicht ein einziger geriet auf die schiefe Bahn. U. a. wurden sie Schiffseigner, Pilot oder Fuhrunternehmer.

Die Wissenschaft der kreativen Intelligenz (WKI)

Die Wissenschaft der kreativen Intelligenz (WKI) greift in leicht verständlicher Form das Thema auf und beschreibt das Quantenfeld als Feld reiner Intelligenz. Die WKI hat dazu in ihren aktiveren Zeiten wertvolle Erkenntnisse geliefert. Man spricht hier von einem „Vereinheitlichten Feld", das die fundamentalen Teilchen und Kräfte der Natur durch seine unendlich selbst bezogene Dynamik hervorbringt, und so die unendliche Vielfalt des Universums erschaft. Die Quantenfeldtheorie identifiziert das „Superteilchen" (Quant) als „Kern reinen Wissens." Der nicht angeregte-nichtabgelenkte-Grundzustand des Bewußtseins wird als Ausgangspunkt kreativer Intelligenz dargestellt. Der vorwiegend objektive Ansatz der modernen Naturwissenschaft und der vorwiegend subjektive Ansatz der WKI führen zu den gleichen Schlussfolgerungen. Die Aussage der Quantenmechanik „Wissen hat organisierende Kraft" ist im Bewußtsein strukturiert. Die Technologie des Vereinheitlichten Feldes (WKI) führt das Bewusstsein auf natürliche Weise über immer feinere Bewußtseinsstrukturen zur Quelle der Gedanken zurück. Die Wellen der geistigen und seelischen Aktivität (Denken und Fühlen) werden zur Ruhe gebracht und das eigene Bewußtsein wird in seiner uneingeschränkten Freiheit und Würde sichtbar. Dieser unbegrenzt harmonische und dynamische Grundzustand des eigenen Bewußtseins ist die Ausgangsbasis für die Entfaltung des vollen kreativen Potentials.

Nach Beendigung des Meditationsvorganges kehrt man aus dem Zustand der geringsten Anregung des Bewußtseins (Denken und Fühlen) wieder in das aktive Wachbewußtsein zurück. Für Schüler ist es wichtig zu wissen, das die WKI-Kurse nicht den Erwerb von Einzelinformationen und Sachwissen in den verschiedenen Fächern ersetzen. Sie schaffen aber die bestmögliche Ausgangssituation für ein gutes Verständnis und sicheres Aufnehmen des gebotenen Stoffes (Intelligenz), sowie für die spontane Interaktion zwischen allen gespeicherten und neuen Informationen.

Diese Form der WKI-Meditation haben mit den verschiedenen Richtungen des Buddhismus, Hinduismus, und des Christentums und den dort praktizierten Meditationen keine Berührungspunkte. Sie unterscheiden sich auch grundsätzlich von kontemplativen, konzentration- oder emotional gesteuerten Übungen und Verhaltensweisen, die manchmal als „Meditation" bezeichnet werden. Die WKI-Techniken sind frei von religiösen und weltanschaulichen Zielen. In der Vedischen Wissenschaft und in der WKI werden die Eigenschaften des Bewusstseins systematisch erforscht. Die dabei gefundenen Gesetze zeigen schon deswegen mit den in der Quantenmechanik beschriebenen Gesetze große Übereinstimmung, weil das Bewußtsein und die feinsten Strukturen der Materie denselben Naturgesetzen unterworfen sind. Aus WKI-Broschüre (s.Literatur).

Der Abend des Erwachens

Der Abend goß den Rosentee auf modellierten Marmorschnee.
Es glommen ganze Göttereih'n im heiligen Olivenhain.
Mit seinen Freunden heimwärts zog Eudiades, und um ihn flog
der Sphären hehrste Melodei wie jener Götter Zauberei.
Hinauf zum Hügel gingen sie, belanglos plaudernd. Irgendwie.
Kam er dann endlich auch nach Haus; erstaunt rief seine Mutter aus:
„Mein Sohn, wo hast du nur gesteckt?! Längst haben wir den Tisch gedeckt!
Willst du denn fasten? Sag, was ist! Wie seltsam du doch heute bist!"
Er sagte nichts, er nahm sein Brot und schmeckte kaum in seiner Not
den Amberhonig; süßer war sein Zustand und so wunderbar,
daß er sich ganz in sich verkroch.
noch ahnte niemand rings sein Joch, als Worte köstlich wie der Tau
ihn holten aus der Nabelschau. Amenias, des Vaters Gast
aus Thuri und drum befaßt, mit Liebessagen aller Art,
sang von der Argonautenfahrt Und Hylas, einem Konigssohn,
in dessen zarter Liebesfron sich Herakles hervorgetan
das brach sich in dem Jungen Bahn. Das zog ihn zu dem Sänger hin
und fesselte ihm jeden Sinn. Kein Zweifel war nun mehr erlaubt!
Er betete, daß um sein Haupt die Schönheit strahle hylasgleich
und wie aus Aphrodites Reich. Sein Vater aber sprach: „Mein Sohn,
gib nicht zu viel auf solchen Ton! Denn solch ein süßer Minnesang
ist meistens nur ein hohler Klang! Geändert hat sich längst die Zeit, kein
Herakles steht mehr bereit. Wir müssen starke Männer sein
und keine Knaben lieb und fein!" Der Sänger lächelte verschmitzt,
wie er den Jungen so erhitzt und schmachtend sah. Er wußte, bald
war dieser Pais schon ganz verknallt und pries der Liebe Göttlichkeit.

Ich kann was, was du nicht kannst

Auffallend ist, dass gerade Jungen sich gelegentlich in einer dimensional übergeordneten Realität wiederzufinden scheinen. Dabei können bei ihnen Halluzinationen auftreten, aber auch das Führen von Selbstgesprächen. Werden sie dabei überrascht, fühlen sie sich ertappt, reagieren ängstlich, weil sie fürchten, in ihrer verständnislosen Umgebung für nicht normal gehalten zu werden. Auch von »Jugendschizophrenie« war in früheren, noch weniger aufgeklärten Zeiten die Rede. Ihre besonderen Fähigkeiten äußern sich u. a. in hoher Merkfähigkeit, großer Geschicklichkeit, Ideenreichtum usw. Dazu einige Beispiele:

Weltmeister im	Cup-Stacking (Junge, 12 J.)
– " –	Computerspielen (Junge, 10 J.)
– " –	Flippern (Junge, 12 J.)
– " –	Im Diabolo (Junge, 13 J.)
– " –	Auf der Halfpipe (Junge, 12 J.)
– " –	Klettern auf beweglichem Parcour: Bouldern (Junge, 12 J.)
– " –	Am Tau emporklettern mit den Beinen zuerst (Junge, 13 J.)

Sieger in einer TV-Show, wo es um das Merken von Fakten und Zahlen geht, zusammen mit erwachsenen Teilnehmern: Junge (8 J.). Zeichnen einer Stadtansicht nach Rundflug über Frankfurt / M. aus dem Gedächtnis, detailgetreue Wiedergabe: Junge, (14 J.). In abgelegenen Ländern – zumeist aus wirtschaftlicher Not heraus – müssen sich Jungen am Broterwerb beteiligen. Sie übernehmen u.a. manuelle Tätigkeiten wie z.B. das Herstellen von Souvenirartikeln, nähen Fußbälle und fertigen Artikel für den täglichen Gebrauch. Hierbei können sie eine außerordentliche Geschicklichkeit und Fingerfertigkeit entwickeln, mit der Erwachsene nicht konkurrieren können.

Die Vorsilbe »*In*-« besagt ja, dass etwas von außen in uns hineinkommt, wie *In*spiration, *In*tuition, *In*telligenz, bzw. *Ein*gabe. Ich ertappe mich gerade dabei, eine Art Fürsprache für einen bestimmten Personenkreis zu machen. Dabei muss ich an Arne Hoffmanns Buch »Rettet unsere Söhne« denken. Oder man wird bei den genannten Beispielen auch an »Wickie und die starken Männer« erinnert. Ebenso fällt mir ein Vers von R. M. Rilke dazu ein: »Kleine Jungen fallen so gar nicht weiter auf im Weltgeschehen – aber manchmal werden sie zu Giganten.« Doch es muß befürchtet werden, das die Offenbarung des Außergewöhnlichen immer mehr eingeschränkt wird. So läßt sich z.B. feststellen, dass für Kinder – heute noch mehr als in den 70er Jahren – ein großer Mangel besteht an:

– Sinnerlebnissen,
– Körperabenteuern,
– sozialen Erfahrungen.

Siehe dazu besonders vorstehende Kapitel und bes. Abschnitt: Quantenfeldtheorie und Gehirn (S.54)

Jochen und Sonja am Zelt

Dies alles verhindert die Entfaltung besonderer Anlagen und Begabungen.

Der Umgang von Kindern mit Erwachsenen auf der Grundlage gegenseitigen Vertrauens andererseits fördert die Bildung neuronaler

3 Jungen im Boot: („Flußpferd")

Netzwerke im Gehirn und deren Verknüpfung. D. h. soziale Kontakte fördern das Intelligenzwachstum. Mit zunehmendem Informationsstand wuchs somit mein Interesse an den 1000 Fragen von Kindern, und ich sagte mir, »da muss mehr sein, als nur die äußere sichtbare Erscheinung«. Sie hören gewissermaßen nicht an der Hautoberfläche auf. Und finden sie für ihre 1000 Fragen keine glaubhaften Antworten, bleiben sie leer die geheimen Winkel des Herzens und das Böse nistet sich ein. Dann nimmt die Jungenkatastrophe ihren Lauf. Sozialschädigendes Verhalten und Leistungsverweigerung verursachen Jahr für Jahr immense Kosten in vielstelliger Milliardenhöhe, und vor allem – Eigensabotage! Der geistige und körperliche Zerfall setzt sich fort bis zur Unfruchtbarkeit als Folge eines desaströsen Lebenswandels. Hier liegt einer der Hauptgründe dafür, dass so wenig inländische Kinder geboren werden. Doch soziale Kontakte fördern auch die oft erstaunliche Begabung von Jungen als Filmschauspieler oder als Sänger in Konzerten. Aber auch bei einem Vergleichsexperiment von Jungen und Mädchen in der Pflege und Betreuung kleiner Kinder. Unter dem Titel »Das werden prima Väter« schnitten die Jungen am besten ab. Die Babys waren ganz »versessen« darauf, von den Jungen gesäubert, gefüttert und umsorgt zu werden, weil die 12-jährigen besonders liebevoll mit ihnen umzugehen wussten. Bei richtigem Umgang können Jungen für ihre Erwachsenen eine Quelle der Freude sein. Sie sind Unterhaltungskünstler, spielen Clown oder begeistern mit Phantasie, Kreativität, Weisheit und Charme; so verströmen sie Freude, Harmonie, spenden Lebensmut und Zuversicht. Und es ist anrührend, wenn sie darum feilschen, wer wohl welchen Spieler »kriegt«, um ihn bei wichtigen Fußballspielen auf den Platz zu eskortieren.

Mit Köcher, Pfeil und Fackel

Für die seit langem bestehenden großen nationalen wie internationalen Probleme, wie z. B. ökologischer, ökonomischer oder sozialer Art, ist keine nachhaltige Lösung in Sicht. Im Gegenteil: Sie verschärfen sich eher, neue Probleme kommen hinzu. Ist dies das Wirken böser Mächte? Nein, menschliches Bemühen und Wallen greift einfach zu kurz. Oder symbolisch gesagt: Je weiter der Bogen gespannt wird, umso weiter und genauer fliegt der Pfeil und lässt »Sternenstaub vom Himmel regnen«, der die Weisheit zum Lösen der Probleme enthält. Wird der Bogen nur zögerlich gespannt, und zittert die Hand, die ihn hält, fällt der Pfeil nach wenigen Metern kraftlos zu Boden. »In der Ruhe liegt die Kraft«, oder »… doch das Gute kommt von oben« (Schiller). Doch der Mensch kommt in seinem tiefsten Innern einfach nicht zur Besinnung, der Zugang dazu bleibt ihm verwehrt. Hier aber schlummern phänomenale Fähigkeiten, die sich ohne Kontrolle eigenständig entfalten, wenn sie denn geweckt werden. Und damit sind wir schon wieder beim Thema Quantenfeld – im indischen »Prana« genannt – angekommen. Nur über diese kosmische Kraftquelle lassen sich Probleme jedweder Art nachhaltig lösen.

Es ist nichts Besonderes: Jedes unverbildete Kind spürt in sich selbst diese innere Kraftquelle, ohne groß darüber nachzudenken. In der Meditation entwickeln sich Zusammenhänge und ordnen sich Kräfte, die mysteriös und unerklärlich sind. Im Gegensatz zu heute wendeten sich Erwachsene in Kulturgesellschaften nicht gelangweilt, genervt, belästigt oder belustigt ab, wenn Kinder ihnen etwas Wichtiges zu sagen hatten. Ganz im Gegenteil: Die Erwachsenen hingen an den Lippen der Kinder, deren oft zufällige Äußerungen den Rang von Weissagungen hatten. Danach richteten die Großen ihre Politik aus.

Erwachsene heute sind sich über die Tragweite ihres Verhaltens Kindern gegenüber nicht bewusst. Das von oben herablassende, wohlmeinende, onkelhafte, ignorante, arrogante, abwertende, besserwisserische Gehabe finden Kinder »zum Kotzen«. Ein Kind in einer

Radiosendung: »Der größte Stress ist, wenn man nicht ernst genommen wird. Man fühlt sich dann irgendwie schlecht, und weiß doch nicht genau, warum.« Bereits Freud hat visionär das Unbewusste tief in unserem Innern erkannt. Auch Einstein wusste, »die Quelle jeder Freude, jeder Kunst, jeder Wissenschaft ist das Geheimnisvolle.« Einstein wusste aber auch, dass es schwierig ist, sich mit etwas Neuem, Unbekanntem auseinanderzusetzen. »Eine vorgefasste Meinung ist schwieriger zu zertrümmern als ein Atom.« Und hier müssen wir uns wiederum mit dem Thema Erziehung beschäftigen, die ja – laut v. Hentig – das »Schicksal der Welt« ist. Es geht um die Voraussetzung, die Kinder brauchen, um die bei ihnen oft vorhandene besondere Kraft und Begabung zu entfalten. Skandinavische Schulen verfügen z. B. über Ruhe- bzw. Meditationsräume, in die sie sich zurückziehen können.

»Ein göttliches Wesen ist das Kind, solange es nicht in die Chamäleonfarbe der Erwachsenen getaucht ist«, sagte Hölderlin. Und Schiller bemerkte: »Kinder sind Darstellungen unserer höchsten Ideale.« Und ein indisches Sprichwort lautet: »Kinder brauchen Wurzeln und Flügel.« Daher ist gerade eine Privatsphäre für Kinder wichtig, da sich quantenfeldbezogen ein echter Wandel »nur in der Einsamkeit der Seele« vollzieht. Doch die festverwurzelten Strukturen der elterlichen Institutionen sind dem oft nicht förderlich. Wenn ein Kind unzufrieden ist, gib ihm zu essen, zu trinken, Geld, Spielzeug – dann hat es zufrieden zu sein. Dass Kinder auch andere Bedürfnisse haben könnten, auf die Idee kommt man erst gar nicht. Das Leben in der Familie bedeutet für Kinder oft eine monströse Beschränkung ihrer Emotionalität und ihrer Beziehungen. Viele Kinder sind völlig verunsichert. Die erstickten Leidenschaften wenden sich gegen sich selber oder gegen Sachen, die den Erwachsenen gehören. Wenn Kinder Aufsätze schreiben, wie sie sich ihr Leben vorstellen, handelt es fast immer davon, frei zu sein. Sie möchten sich von den Eltern nicht bevormunden lassen, sondern sie möchten selber entscheiden, was sie tun, wann sie nach Hause kommen, wo sie spielen, mit wem sie spielen usw.

Für Jungen ergibt sich zudem heute ein besonderes Problem dadurch, dass sie ohne männliche Bezugsperson aufwachsen. Jungen fehlen Leitbilder von Männlichkeit. Jungen atmen auf, wenn der erste männliche Lehrer eingestellt wird. Aufgrund dessen, das sich innere Erlebniswelten nicht entfalten können, haben sie auch kein Gefühl für den eigenen Körper oder für den Körper anderer. Jungen erfahren von ihren Müttern viel weniger über den Umgang mit Gefühlen als die Mädchen. Jede natürliche Vitalität wird ihnen aberzogen und schnell als Verhaltensstörung ausgelegt. Männliche Vorbilder zum Anfassen sind Mangelware. Ab dem 6. Jahr wird beim Jungen der Vater zur zentralen Person. Ohne Vater aufgewachsene Jungen sind extrem gefährdet für Gewalt, Drogen, falsche Vorbilder. Oder sie haben einen Vater, der nichts taugt. Es ist bestürzend, wie weit weg Richter, Staatsanwälte und Jugendbehörden sind, wenn es um häusliche Gewalt gegen Kinder geht. Die Familie ist nicht selten ein sehr gefährlicher Ort, wenn Erwachsene ihren Frust über die eigene, nicht gelebte Kindheit oder ihre Erfolglosigkeit an ihren eigenen Kindern austoben. Dies führt nicht nur oft zu schweren Verletzungen der Kinder, sondern auch nicht selten zu Todesfällen.

»Jungen sind laut, unflätig, unsauber, spucken überallhin, respektlos Älteren gegenüber, lassen alles herumliegen …« So oder ähnlich werden Jungen heute – flüchtig betrachtet – beurteilt.

Doch die oben zitierte oberflächliche Beurteilung ist nicht neu; sie stammt aus dem klassischen Altertum von vor ca. 3000 Jahren. Aber die Kulturvölker des Orients ließen sich davon keineswegs beirren: Sie wussten eben von den besonderen, verborgenen, außergewöhnlichen Begabungen, Eigenarten und Anlagen von Jungen, wie z. B. die atemberaubende Fähigkeit, mit der spirituellen Sphäre in Kontakt zu treten. Hieraus entwickelte sich der Kult um die Engel. Engel waren stets damit beschäftigt, göttliche Inspiration zu schenken und höheres Wissen zu vermitteln. Sie verschafften den Menschen Augenblicke tiefster Gefühlsregung und geistiger Erbauung. Und die Gestalt eines Jungen mit ausgebreiteten Flügeln, der einen Köcher umhat

und eine brennende Fackel in der Hand hält, entstand in dieser Zeit als das zentrale Symbol für die Liebe. Letztendlich erhielten sie den Götterstatus.
80 % aller männlichen Gefängnisinsassen stammen aus gewalttätigen, lieblosen oder vaterlosen Verhältnissen. Die Selbstmordrate ist bei Jungen 3-mal höher, sie werden viel weniger getröstet. Fachleuten dämmert inzwischen, die Jungen vergessen zu haben. Jungen wird früh antrainiert, dass sich Gefühle nicht gehören (Indianer kennen keinen Schmerz). Kloppereien unter Jungen dienen oft der Kantaktaufnahme, weil Reden sowieso nicht ihr Ding ist. Außerdem sind solche Handlungen viel genauer als Worte.
In einer Radiosendung von Professor *** im hiesigen offenen Kanal wird ein 8-jähriger Junge zitiert: »Am liebsten wäre ich tot. Ich weiß gar nicht, wofür ich eigentlich lebe!« Eltern ahnen oft nichts von den Problemen ihrer Kinder. Die Schulen sind verdreckt. Die Lehrer an bayerischen Schulen sind dafür berüchtigt, besonders brutal zu Schülern zu sein. Bei Jungenkonferenzen denken alle Jungen zunächst einmal über den Lehrer: »Ist der schwul?«, als Folge festverwurzelter Vorurteile.
All diese hier etwas unsystematisch vorgestellten Fehler im Umgang mit Jungen hinterlassen bei ihnen oft unheilbare Wunden. Ich wundere mich, dass es trotz der massiven Probleme mit Jungen keine Bürgerbewegung, keine Sondersendung, keine politischen Initiativen zum Thema gibt im Sinne von Aufdecken der wahren Ursachen.
„Was Kindern seit 200 Jahren fehlt, sind verlässlich Bindungen. Die Psychoanalyse über Kinder wird schnell vollzogen. Das Kind, das irgendwie daneben ist, wird schnell zum Fall. Dabei ist ein Kind vom Intellekt Lichtjahre weit entfernt. Unsere überintellektualisierte Kultur ist nichts für Kinder" (KÖHLER 2008, Teil 2 seines Vortrages):
Die dominante Ausrichtung am Materialismus läss Kinder erschrecken, macht ihnen Angst: „Wäre ich besser im Himmel geblieben" sind heute gängige Aussagen von Kindern oder

„Was soll der Sinn des Lebens sein?" Der Staat regiert massiv in die Familien hinein. Wir unterwerfen Kinder der Schulpflicht, die es übrigens in dieser Form nur in Deutschland gibt. (In Dänemark z. B. nicht). Zudem ist das Wissen alle 20 Jahre überholt. In Westeuropa haben Lehrer die höchste Selbstmordrate.

Overprotektion oder Kühlschrankmutter

Die größte Gefahr, die einem im Wachstum befindlichen Kinde drohen kann, ist die ständige nervöse Angst der Mutter. Nervöse junge Mütter die ihr Kleines vor jedem Luftzug bewahren und dem Kinde alles verbieten, was dazu geeignet wäre den Mut, die Ausdauer und das Selbstvertrauen zu erhöhen träufeln ihm ein langsam wirkendes Gift ein und richten es für das ganze Leben zugrunde. Wir sollen unsere Kinder so erziehen, dass sie nicht wissen, was Furcht ist. Das wird die schönste wertvollste Erbschaft sein, mit der wir sie bedenken können. Statt dessen werden die Kinder mit dem Wauwau und dem Teufel in Angst getrieben. In jeder Sprache gibt es dafür einen entsprechenden Ausdruck. In allen Teilen der Welt werden Kinder von ihren Eltern und Erziehern abgeschreckt, damit sie dies oder jenes unterlassen sollen. Eine Seelenzerstörung deren Grundelemente die von den westlichen Menschen sehr wenig gekannte und unterschätzte Suggestion ist, versetzt dem Kinde für die Zeit seines Lebens einen Klaps, und wenn es heranwächst so wird es von Furcht, Angst, Minderwertigkeitskomplexen, ferner von moralischen, sexuellen und Berufshemmungen ohne Zahl bedückt sein. Achtzig Prozent der Menschen haben Angst: Furcht vor Krankheit, vor Armut, vor Unglück; Besorgnis darüber jene zu verlieren, die man liebt, Angst vor dem Tode und schließlich Angst vor der Angst selbst.

Wie viele Menschen richten ihr eigenes Leben und das ihrer Angehörigen damit zugrunde, dass sie Angst haben vor dem Morgen und aus dieser Angst heraus es nicht wagen, sich eine körperlich oder seelische Ruhe zu gönnen. Sie fürchten sich vor den mageren Jahren, die ihrer vielleicht noch harren. Die meisten Menschen bereiten sich ständig für das Schlechte vor und sammeln und geizen wie fleißige Ameisen. Auch ihre Kin-

der darben und entbehren mit ihnen, damit einstmals, nach dreißig oder vierzig Jahren, „das kleine Familienheim" beisammen ist. Die ungesunde Lebensweise, der Jahrzehnte lang andauernde Ausfall einer seelischen und körperlichen Erholung rächt sich mit eiserner Konsequenz. Mit Magenleiden, Arterienverkalkung oder Herzanfällen behaftet, hat keiner von seinem Landhaus und den Bankeinlagen nachher nicht mehr viel.
YESUDIAN, S.:, S.47F

Umziehen hinterm Zelt

Michael und das weiße Licht

Ich bin schon kurz auf Außergewöhnliches in Verbindung mit Jungen eingegangen. Hier einige weitere Beispiele: Der Hauptschüler M. (13 J.) kam oft zu uns ins Sportzentrum zum Schlittschuhlaufen. Eines Tages sagte er, er könne nicht mehr kommen, weil er Knieprobleme hätte; man wolle bei ihm eine Kniespiegelung machen. Davon riet ich ihm ab und schlug ihm vor, seine Selbstheilungskräfte zu mobilisieren. Er hatte Vertrauen zu mir und folgte meiner Anregung. Nach einigen Tagen konnte er wieder Sport treiben. Ich bat ihn aufzuschreiben, was er erlebt hatte. Ich habe seinen Text in lesbarer Reinschrift nachstehend zu Papier gebracht. Die Zeilen sind absolut authentisch. Sie sind nicht erfunden, um sich wichtig zu machen, oder um anderen einen Gefallen damit zu tun.

Michael, 13 J.
Ich hatte Kniebeschwerden, die sich stark auswirkten, z. B. bei Anstrengung, Kniebeugen usw. Dann etwas später hatte ich sehr starke Schmerzen. Als ich ging, sprang auf einmal meine Kniescheibe vom Knochen ab. Ich musste dann ins Krankenhaus, da sich das Knie nicht mehr einrenken ließ. Der zuständige Arzt gab mir dann eine Narkose und renkte mein Bein wieder ein. Der Arzt stellte dann eine Überweisung für einen Chirurgen aus. Die Diagnose lautete: Er konnte keine genaue Diagnose erstellen, da er beim Röntgen nichts feststellen konnte. Er sagte dann, dass er das Knie spiegeln muss. Das gefiel mir aber überhaupt nicht. Dann habe ich mich mal über das Thema Meniskus informiert und habe erfahren, dass man das auch selbst heilen kann. Das habe ich dann versucht und habe es nach der einmaligen Behandlung geheilt. Ich möchte nun mal erzählen, wie und was ich bei der Behandlung gefühlt habe, und wie sie überhaupt vorging. Zunächst habe ich mich erst mal richtig entspannt. Dann habe ich mir vorgestellt, dass ein großes, weißes Licht auf die Erde kommt (aus dem Universum) und mich heilen will. Es kam durch mein Fenster

rein und landete auf meinem Körper. Als es an meinem Kopf angekommen war, wurde es kleiner, aber dabei immer heller und floss in meinen Kopf hinein. Als es drinnen war, floss es Richtung Magen, und floss auch weiter Richtung Unterkörper. Als es dann am Knie angekommen war, wurde es immer heißer, als wenn es glühen würde. Das dauerte ein paar Minuten (ich weiß nicht mehr so genau). Danach fühlte ich mich wie neugeboren, und das Licht verschwand aus dem Fenster Richtung Himmel. Danach war alles vorbei, und ich hatte keine Beschwerden mehr.

Abendstimmung am See

Das Mysterium des weißen Lichts

-der Matrose

Das Rettungsboot, das irgendwo auf der Insel Madagaskar angespült wurde, war leer. Wo aber war der schiffbrüchige, junge Matrose? Er hatte an der Bordwand jeden Tag seiner Odyssee markiert und mit seiner Kamera alles dokumentiert und selber gefilmt (Dieser Film liegt mir vor, wird aber [oder wurde] geheimgehalten). In den ersten Tagen verschlechtert sich der Zustand zusehend. Der Notproviant geht zur Neige, sein Gesicht ist vom Salzwasser und von der Sonne gezeichnet. Die Kameraeinstellung zeigt, wie verzweifelt er ist. Doch einige Tage später, als er sichwiederum selber filmt, ist er geradezu euphorisch. Er zeigt auf seine Vorräte, die er zuletzt nicht mehr angerührt hat. Immer wieder zeigt er zum Himmel. Als in weiter Ferne ein Schiff vorbeifährt, das ihn hätte retten können, legt er die Signalpistole wieder hin: er will nicht gerettet werden! Er zeigt immer wieder zum Himmel, wo sich ein geheimnisvolles, weißes Licht befindet. Zwar in schwarz/weiß, aber doch zu erkennen. Er lacht glücklich, er hat eine „Verabredung." Er verschießt seine Signalraketen was seinen sicheren Tod bedeutet. Sein Gesicht wirkt wie frisch rasiert, die Haut glatt, die Augen leuchten, er lächelt... Am 43. Tag springt er ins Wasser... Die verwaschene Inschrift auf der Bordwand... „Wer es je zu Gesicht bekommen hat, kann nicht mehr zurück." S. a. („Michael und das weiße Licht"). Im Kapitel „Bubi Cole befreit Dr. Crowe (Bruce Willis) aus dem Geisterreich" ist unschwer die Paralelle zu erkennen, als der erschossene Psychiater durch das weiße Licht aus der astralen Geisterwelt befreit wird, in der er zunächst eben als Geist weiterexistierte. Als ich mich für das Thema „Mystik" entschied, war für mich sofort klar, das kein Weg vorbeiführt an Astrid Lindgrens „Die Brüder Löwenherz." Die Schriftstellerin beließ es nicht bei „niedliche Eichhörnchengeschichten", weil dadurch das Schönste vorenthalten wird, nämlich zu „schaudern, zu lachen und zu weinen" (Filmkritik Wikipedia). Der Film ist „episches Erzählkino über ewige Menschheitsthemen wie Liebe, Tod, Freiheit und Unterdrückung." Der Schluß ist keinesfalls als Selbstmord zu deuten, sondern als geträumtes, positives Erlebnis des unvermeidlichen, natürlichen Todes. Das könnte Trostspender und Mutmacher für Kinder sein, denn es gibt eine mögliche Antwort auf die immerwährende Frage: „Was kommt nach dem Tod?" Der Begriff Mystik stammt aus dem Griechischen: „Geheimnisvolle Erfahrungen einer göttlichen, absoluten Wirklichkeit" (Wikipedia). Karl Löwenherz (9) weiß, das er bald an seiner Lungenkrankheit sterben muß. Jonathan (13) tröstet ihn mit Geschichten aus Nangijala, in das man nach dem Tod kommt. Bei der Rettung im Feuer, als Jonathan Karl mit einem Sprung aus dem Fenster rettet, stirbt Jonathan. Karl stirbt einige Tage später an seiner Lungenkrankheit. Im paradiesischen Kirschblütental sind er und Jonathan wieder vereint. Doch der böse Tengil aus Karmanjaka hetzt seinen Drachen Katla auf Jonathan. Dessen Feuer verbrennt Jonathan an Armen und Beinen. Dies führt zu Lähmungen die unheilbar sind. Nur ein nochmaliges Sterben würde nach Nangilina ins Apfelblütental führen, wo man wieder völlig gesund wäre. „Ich seh schon das Licht, Jonathan, das Licht!" als sie beide sterben. Subtile Kenntnis über den ungeheueren Strukturreichtum einer Jungenseele und hohe Erzählkunst greifen hier ineinander. Filmszene auf dem Katthulthof im schwedischen Småland: Michel: „Du und ich, Alfred." „Ja, du und ich, Michel, bestens, bestens..." als Alfred mit Michel um den Hals im See schwimmt. Szenenwechsel: Alfred hat sich eine Blutvergiftung zugezogen. Während der Knecht schon schweißgebadet um das Überleben kämpft, ist niemand von den Erwachsenen bereit, Alfred zu helfen. Aber ein Kind im Grundschulalter wie Michel hat die Größe und den Charakter und die seelische Kraft, unbemerkt

das Pferd vor den Schlitten zu spannen, um seinen Freund Alfred nach Mariannelund zum Doktor zu bringen. Dazu bei Nacht, in einem tosenden Schneesturm, in einer Gegend mit Wölfen und Bären. Ja, seelische Kraft. Das kann ich mir als tragfähige Bezeichnung für den Begriff Mystik vorstellen, für den es keinen übergreifenden Konsens zur Begriffsbestimmung gibt. (In Religionswissenschaft, Kultur, Literatur, Medizin, Philosophie, Psyhologie). Im alltäglichen Erleben wird M. als religiöses oder spirituelles Erleben bezeichnet. Als etwas das Menschen tief im Innern irgendwie anrührt und glücklich macht. Es ist wissenschaftlich nicht objektivierbar. Das trifft auch zu für die Definition des Quantenfeldes. Umgangssprachlich wirkt es schwammig. Es bezeichnet die Anordnung von Dingen, Objekten usw. Das ist nicht falsch, gilt jedoch nur in einem vergröberten Sinn. In der neuen Physik ist es wie beim Lesen von Lyrik: es ist viel Ungenauigkeit, viel Spielraum in einem Gedicht — und bringt doch etwas zum Klingen. Erfahrungen wie Prophetie, göttliche Eingebungen werden von der M. je nach Tradition und Definition abgegrenzt. M. ist in Worten kaum wiederzugeben, da Begriffe sie nicht fassen.
zu den Mysterien des Weißen Lichtes gehört auch das Astrallicht. Nach Dr. v. Purucker... „ist das Astrallicht die kosmische Bildgalerie u. bewahrt die unverlöschlichen Aufzeichnungen von allem, was auf der astralen und physischen Ebene geschieht..."
MIERS. H. E., S.79.
„Im Astral-Licht... behauptet der Antroposoph Dr. Rudolf Steiner ..graviert sich alles Geschehen ein, jeder Gedanke in ihm schwingt bis in alle Ewigkeit fort." SCHRÖDTER, WILLY: S.71
So gesehen auch im schon zitierten Film „Shining": In den Schlusseinstellungen des Films von 1980 tauchen Szenen mit Jack Torrance während einer Veranstaltung im Overlook-Hotel von 1921 auf. Während des Films entstand zudem der Eindruck, daß das Hotel dem späteren Hausmeister schon irgendwie vertraut war.

Bubi Cole befreit Dr. Crowe (Bruce Willis) aus dem Geisterreich

Der Film »The Sixth Sense« lief mehrfach im Fernsehen. Der Psychiater Dr. Crowe (Bruce Willis) wurde von einem früheren Klienten erschossen. Dr. Crowe hat aber diesen Mord, der so unvermittelt über ihn kam, nicht realisiert. Er blieb als Geist – für gewöhnliche physische Augen unsichtbar – zwischen der physischen und der kosmischen Welt, dem Evestrum (Astralwelt) gefangen. Dr. Crowe wurde daraufhin zu einem kleinen Jungen gerufen, der von Geistern bedrängt wurde (sie baten den Jungen um Hilfe, um Erlösung). Dr. Crowe – selber ein Geist – sollte diesen Jungen von den Geistern befreien. In Wahrheit aber war der Sachverhalt anders herum: Dr. Crowe selber war es, der die Kraft und die besondere Begabung und die Nähe des Jungen benötigte, um sich aus der Zwischenwelt zu befreien, um letztendlich sterben zu können. Anmerkung: Die Redakteure, die in meiner TV-Zeitung den Text zum Film verfassten, haben die Handlung nicht verstanden. Sie schrieben, der Doktor sei »angeschossen« worden. Dies war definitiv falsch – er war bereits während des Attentats verstorben. Ich habe dieses dem Verlag mitgeteilt (den Film hatte übrigens kaum jemand verstanden).

Als die Mutter von Cole mit den Nerven am Ende ist, weil ihr Junge wieder sonderbare Erscheinungen hatte, machte sie ihm Vorhaltungen. Aber sie litt mit ihm und verteidigte ihn vor der geistig beschränkten Öffentlichkeit, die ihn »Psycho« nannte. Doch dann offenbarte er ihr Vorgänge aus der Vergangenheit, die ein »gewöhnliches« Kind gar nicht wissen konnte. Dies bewirkte in ihr einen Bewusstseinswandel: Sie sinnierte vor seinen Fotos an der Wand und entdeckte auf den Bildern sonderbare Lichteffekte. Diese stammten von der extremen elektromagnetischen Schwingung im Umfeld des Jungen, welche das unbestechliche Filmmaterial festgehalten hatte… Da dämmerte ihr, was für ein ungewöhnlich begabtes Kind sie hat. Sie nahm ihn ganz fest in den Arm, drückte ihn an sich und weinte vor Glück.

Apropos Film: Auch in Stephen Kings Gruselfilmen dominieren die Jungen eindeutig.
In den 70er oder 80er Jahren wurden in Italien Laborversuche mit Jungen durchgeführt. Sie sollten Drähte, die in Glasröhrchen eingeschlossen waren, mittels Gedankenkraft verformen. (Die Zeitschrift »Esotera« berichtete darüber.) Aufgrund der beobachteten Phänomene prägte man den Begriff »Lausbubeneffekt«.

Sid Rot's »Supernatural« lässst autistische Jungen mit Nahtoderfahrungen über ihre Grenzerfahrungen berichten (Daystar Television Network).

Auf dem Volksfest (Halmstad / Schweden)

Für den Autor dieser Zeilen lag es auf der Hand, sich mit so einem wichtigen Thema näher zu befassen. Schon aufgrund seiner eigenen Lebensgeschichte nicht, von der er schon ab und an etwas vermittelt hat. Die Hölle ist kein geografischer Ort, es ist ein Zustand! Der Autor weiß genau wovon er redet. Denn was er nach dem Aufwachen aus der Narkose erlebte, läßt sich mit Worten hier kaum wiedergeben. Er irrte herum, versuchte seinen überhitzten Körper zu kühlen, und hatte keine Ahnung, was mit ihm passierte (Er wäre aber auch gar nicht ansprechbar gewesen.) Abgeschnittenen von der Gnade aller Götter und Engel - das genaue Gegenteil von dem wohligen Gefühl der Entspannung, das jemanden üblicherweise nach dem Aufwachen aus der Narkose erwartet. Eine „paradoxe Reaktion", wie ich später erfuhr (Ich will meine Leser nicht mit meinen Krankengeschichten behelligen, doch sie werden den Grund dafür in Kürze verstehen). Als Dr. Crow starb, kam dieser Tod so unvermittelt über ihn, das er ihn nicht realisiert hatte. Er „lebte" als Geist in der astralen Zwischenwelt, und wunderte sich, das seine Verlobte nicht mehr mit ihm redete, und immer zu frieren schien. Sind Geister in der Nähe, ist dies durch Kälte gekennzeichnet, sowie durch einen sichtbaren kalten Atem (Hauch). Dr. Crow wirkte noch relativ entspannt, zumal wenn er sich mit Cole „traf." Was aber wäre, wenn in meiner katastrophalen Verfassung jemand auf mich schösse? Und meine Organe keine Möglichkeit mehr hätten, das Narkosemittel nach und nach abzubauen, um den Normalzustand wiederherzustellen? Würde ich dann als ruheloser Geist bis in alle Ewigkeit herumirren? Mit dieser furchtbaren Verfassung? Es gibt etwas, das schlimmer ist, als zu sterben, nämlich nicht sterben zu können. Würde ich als „Untoter", im Jenseits auf ewig keine Ruhe finden? Wie ein Gespenst in einer

Burgruine? Was für eine Horrorvorstellung, zum Zeitpunkt des Todes zum Sterben gar nicht bereit zu sein. Würde ich wie in Carl Dreyers Film „Vampyr“ meine eigene Beerdigung mitbekommen? Würde ich schreien „ich bin nicht tot“ und niemand kriegt es mit? Wie schon ausgeführt, ich möchte meinen verehrten Lesern nicht meine Krankenakten zumuten. Doch sie werden sich wundern, wie dicht wir am Thema nach wie vor dran sind. Diese Vorgeschichte ist nötig wegen eines Vorfalls während einer meiner letzten O.P.s im Krankenhaus in B. Als ich die leitende Narkoseärztin Dr. F. darauf ansprach, ob sie wüßte, was in der Narkose eigentlich genau passiert, sagte sie unverblümt: „Wir wissen es eigentlich immer noch nicht.“ Dies war nach -ich glaube- meiner zwölften O.P. unter Vollnarkose wie ein Schock für mich, zudem was ich alles schon durchgemacht habe. Was wird denn da eigentlich ständig erforscht, wenn nicht dieses für viele Menschen so wichtige Thema? Doch nun lassen sie mich endgültig zu unserem Buchthema zurückkehren und ich danke Ihnen für Ihre Geduld. Ob es sich um außergewöhnliche Leistungen handelt (hier insbesondere von Jungen), oder um Vorgänge während der Narkose, wenn Menschen für bestimmte Zeit das Bewußtseins verlieren -es handelt sich jeweils um die gleichen Mechanismen. Aufgrund meiner langen Krankengeschichte, und weil ich bisher keine überzeugende Antwort auf diese für alle Menschen so wichtigen Fragen erhalten habe, war dies Gegenstand meiner intensiven Forschung.

Wie der Astralkörper ausgesandt wird

Der Astralkörper stellt eines der wesentlichsten Verbindungsglieder zwischen Geist und Körper dar. Es ist eben so, das der A. unter dem Einfluß des Betäubungsmittels aus dem physischen Körper verdrängt wird, wodurch Schmerzen nicht wahrgenommen werden, und der Patient das Bewußtseins verliert. Der A. Ist zugleich auch der Empfindungskörper. Während des Schlafes trennt sich der A. mehr oder weniger weit vom physischen Körper. „In Trance, während tiefer Bewußtlosigkeit, während einer Ohnmacht, wenn wir unter der Wirkung eines Betäubungsmittels stehen usw., trennt sich der Astralkörper in ähnlicher Weise vom physischen Körper" (Muldoon/Carrington, S. 18).

„Die Astralebene ist eine bestimmte Region im Universum, welche das Physische durchdringt. Sie ist aber nicht wahrnehmbar für unsere Beobachtung, da aus einer anderen Materie" MIERS, H. E., S.78. Es ist das, was wir unter „Quantenfeld" schon beschrieben haben." Der Astralkörper ist nur wenig feinstofflicher als der Physische." MIERS, H. E., S.78. Daher war Dr. Crow... für physische Augen nicht sichtbar, aber eben für Bubi Cole, der über die entsprechende Begabung dafür verfügte. „Der Astralkörper ist das genaue Ebenbild des physischen Körpers und besitzt Organe, Atmung, Kreislauf usw. Der A. ist der Schatten des Menschen" MIERS, H. E., S.78. Die Abspaltung des A. geht im Wachzustand mit einem starken Lebensgefühl einher. Der Mensch fühlt sich wunderbar kräftig und völlig gesund. Zugleich verfügt er über große, geistige Klarheit. Der A. löst sich während des Schlafes vom physischen Körper, um sich mit neuer Kraft aufzuladen. Je weiter er sich vom physischen Körper entfernt, um so leichter „kondensiert" die kosmische Kraft. Spaltet sich der A. jedoch zu wenig oder fast gar nicht ab, ist der Zufluss jeglicher Kraft unterbunden. Man fühlt sich dann wie „abgeschnitten" von der Außenwelt, so wie es mir wie beschrieben ergangen ist. Wie aber nun sind es gerade Jungen die solche wahrhaft außergewöhnlichen Leistungen entfalten? Wie wir gesehen haben, ist der Zuwachs an Kraft umso höher, je weiter sich der A. vom physischen Körper abspaltet, d.h. je nachdem wie tief der Schlaf ist. Die Bild berichtet am 4. Okt. 2016: „Schüler (14) rechnets im Kopf." Ein fröhlich in die Kamera lachender Schüler rechnet mal eben so 6754 mal 7206 mal 31986 in ein paar Sekunden, ohne Taschenrechner im Kopf. Er sagt, „Ich denke ständig an Zahlen, ziehe Wurzeln oder zerlege sie in Primfaktoren. Immer und überall." Die starken, bewußten Gedanken haben nicht die gleiche Wirkung wie die eher zufälligen und ruhigen Gedanken. Man könnte auch sagen, die gleichgültigen Gedanken. Unter Laborbedingungen sind sie nicht möglich (d. kl. Peter). Die Hirnanhangdrüse und die Zirbeldrüse müssen für außergewöhnliche Leistungen zusammenwirken. Das Oberbewußtsein wird weitgehend ausgeschaltet und man ist dann bereit für das magnetische Feld von höchster Geistigkeit. Bouldern (Klettern): Dies hat mich in einer Fernsehshow so gut unterhalten, das ich unbedingt darauf eingehen möchte. Es ging nicht einfach nur darum, am schnellsten eine Wand hochzuklettern. Nein, es war ein Parcour aus beweglichen Kletterelementen, z B. „Swinging Doors", oder extrem überhängende Elemente. Der Herauforderer war ein Junge (ca. 12, 13), der gegen den Vizemeister (vielleicht Mitte 20) antrat. Wer brauchte die wenigste Zeit? Der Junge wirkte beim Klettern, wo mir schon beim Hingucken schwindelig wurde, entspannt. Auch im Gesicht keine Spur von Verkrampfung. Er bewegte sich elegant und sicher. Sein Astralkörper war möglicherweise sogar etwas aus dem physischen Körper ausgetreten. „Er war außer sich..." sagt der Volksmund. Der Vizemeister hatte nicht die Spur einer Chance gegen den Jungen. Er wirkte optisch auch nicht so elegant, sondern eher klobig, unbeholfen.

Klettern am Seil mit den Füßen vorneweg

Hier war der Herausforderer wiederum ein Junge (Ca 12, 13), der auch hier gegen den Vizemeister in diesem Spiel antrat. Senkrecht am Seil hoch, und oben eine Glocke läuten wenn angekommen. Die Beinbewegung des Jungen ließen erahnen, wer hier gewinnt. Der Vizemeister (auch ca. Mitte 20) guckte schon entnervt. Klobig, klotzig, nicht die Spur einer Chance. Er brauchte viel länger, als der Junge. Und er gab unterwegs auf, als er keine Chance zu gewinnen hatte. Ein Vater erzählte mir, das sein Junge mit seinen Kumpels eine „Movie-Night" die ganze Nacht durch veranstaltet hätte. In der Nacht darauf dann 14 Stunden (!) am Stück durchgeschlafen ohne Unterbrechung. „Der Herr gibts den Seinen im Schlaf", sagt der Volksmund. Wie einleuchtend das doch alles ist. Um so erstaunlicher, das diese Dinge nicht angemessen erforscht und öffentlich gemacht werden. Passivität ist die Voraussetzung für die Abspaltung des Astralkörpers. Deshalb schlafen wir. Als ich nach der Narkose ruhelos, panisch herumirrte und meinen überhitzten Körper zu kühlen suchte, war dies eben nicht der Fall. Mein Astralkörper war im physischen Körper wie einzementiert, er lockerte sich keinen Millimeter.

Der kleine Peter und die schwebenden Weihnachtskugeln

Alle meine bisher gemachten Angaben kann ich durch Text, Bilder oder Filme dokumentieren. So auch die Geschichte von dem kleinen Peter. Dies ist eine der 4 Episoden von bisher geheim gehaltenen Filmaufnahmen. Alle 4 Episoden sind absolut authentisch: Ich möchte eine davon niederschreiben.

Schon bevor er laufen konnte, war er in der Lage, Gegenstände durch Gedankenkraft zu bewegen (Telekinese). Er lebte mit seinem Vater, seiner Mutter und dem Hund, den er über alles liebte, zurückgezogen. Wegen seiner Sonderbegabung galten er und seine Familie als Außenseiter und wurden gemieden. Im Alter von 3 Jahren wurden mit dem Jungen telekinetische Laborversuche durchgeführt. Der zuständige Versuchsleiter und Psychiater erwartete auf Befehl von dem Jungen die gewünschten Ergebnisse, was nicht geht, denn die Phänomene manifestieren sich eher »zufällig«. Der Psychiater, der die verborgenen und geheimen Zusammenhänge nicht kannte, tat alles, was den Jungen daran hinderte, seine Begabung zu entfalten. Er erwartete auf Befehl das gewünschte Resultat, was nicht klappen konnte, weil es eher »autonom, absichtslos« in einem veränderten Bewusstseinszustand geschieht. Der Versuchsleiter beleidigte und bedrohte den Jungen sogar. Den Eltern sagte der Psychiater: »Sie tun mir leid; Ihr Kind ist ein Dämon!« Die Kamera zeigt in Großaufnahme das Gesicht des Jungen, wie er sich bemüht, einen Gegenstand telekinetisch zu bewegen. Die Augenbrauen zusammengezogen, die Augen starr auf das Objekt gerichtet …

Die Familie feiert Weihnachten; Peter ist – wie schon gesagt – 3 Jahre alt. Die Großeltern sind auch zugegen. Geblendet schauen alle auf den feierlichen Weihnachtsbaum, auf die gläsernen Kugelmonde, die silbernen Nüsse, die roten Äpfel im Dickicht der Zweige, die Bäche von Engelshaar, die Lichter, und Stern bei Stern bis zur Spitze und die höchste Höhe des Baumes erreichend. Auf der äußersten Knospe aber schwebt ein goldener Engel. Es gelingt dem Jungen, durch Gedankenkraft den goldenen Engel von der Spitze des Baumes abzuheben und ihn frei im Raume schweben zu lassen – und der Engel hat den Mund zum Singen aufgetan.

Zwei Jungen auf Eisschollen

Es fiel Reif in der Frühlingsnacht

Wie schon erwähnt, haben die allermeisten Kinder so gut wie keine Privatsphäre, was eine erhebliche Behinderung der Entfaltung der Persönlichkeit bedeutet. Dies traf auch zu für den Schüler Peter H. aus H. Seine Adoptiveltern hatten ihn wegen seiner außergewöhnlichen Erscheinung ausgesucht und aus dem Heim geholt. Damit wollten sie ihr minderwertiges Selbstbild übertünchen und mit dem Vorzeigekind ihre Eitelkeit und ihre Geltungssucht befriedigen. Alleine schon mit seinen auffallend blonden Haaren erregte der Junge bei vielen Menschen mehr oder weniger offene oder verstohlene Aufmerksamkeit. So auch, als er zu uns ins Sportzentrum kam und mich in unserem Verkaufsraum in ein Gespräch über zunächst belanglose Dinge verwickelte. Ich ahnte da natürlich noch nichts von den dramatischen Umständen, unter denen der Junge litt, denn eine Eigenart von Jungen ist, dass sie andere Menschen leise und behutsam ins Vertrauen ziehen.

Doch kurz darauf tauchte eine dunkle, monströse Gestalt in der Tür auf und kreischte den Jungen an: »Kommst du jetzt hierher!? Kommst du jetzt hierher!?«

Der Junge kam dann noch einige Male. Er war jedes Mal außer Atem, denn er war die lange Treppe heruntergelaufen, um Zeit für eine Unterhaltung mit mir zu haben. Doch es dauerte nicht lange und es stand wiederum ein dunkler Schatten in Gestalt seiner korpulenten Adoptivmutter in der Tür und verfinsterte den Raum. Sie befahl ihm in barschen Ton, sofort mitzukommen.

Ich kannte weder den Namen des Jungen, noch kannte ich seine näheren Lebensumstände.

Ein weiterer Zeitensprung:

Inzwischen war die Eislaufsaison wie üblich im Frühjahr zu Ende gegangen. Ich hatte von dem Jungen nichts mehr gehört oder gesehen.

In darauffolgenden Sommer – ich glaube, es war August – befand ich mich mit meiner Bekannten und ihrem Sohn Markus in H. auf einer Festveranstaltung. Wir verzehrten an einem der Stehtische einen Imbiss. Ich bemerkte auf einmal einige Tische weiter eine mir irgendwie bekannt vorkommende, aber auch völlig veränderte Gestalt. Der Junge wollte sofort auf mich zueilen. Sein Gesichtsausdruck signalisierte mir, dass irgendetwas ganz Furchtbares passieren würde. Ich erschrak: Doch die vielen Menschen um ihn herum, die ich nicht kannte, hinderten ihn daran.

Ein weiterer Zeitsprung:

Mit Beginn der neuen Eislaufsaison befand ich mich wie üblich wieder im Sportzentrum. Zwei Schüler kamen zu mir, übergaben mir eine Pressemitteilung und sagten: »Peter H. ist tot.« Da ich mich noch nicht einmal an den Namen des Jungen erinnern konnte, wusste ich zunächst gar nicht, um wen es sich handelt.

»Doch, den kanntest du. Der wollte sich immer mit dir unterhalten!« Und irgendwann dämmerte es mir dann auch, um wen es sich handeln musste.

Folgendes wurde mir dann berichtet: Der Junge besuchte das Gymnasium und hatte im Zeugnis eine einzige 4. Wegen dieser 4 durfte er nicht in die Ferien fahren, er durfte nicht raus zum Spielen und er durfte nicht seinen Geburtstag feiern. Wenn seine Freunde zu seinem Fenster hinaufsahen, stand er nur an seiner Gardine und war traurig. An seinem 14. Geburtstag hat er sich dann mit einem Telefonkabel an seinem Kinderbett aufgehängt! Und die Begründung, die seine Adoptiveltern zu seinem Tod angegeben hatten, war folgende: Er hätte »Knoten geübt« und wäre so »unglücklich in eine Schlinge geraten, die sich dann auch noch zugezogen hat«. Das wäre Schuld an dem Tod. In einem Nachruf hieß es dann: »Unser Augenlicht ist hingegangen ...«, was geradezu triefte vor Verlogenheit.

Dies alles erfuhr ich von zwei ehemaligen Klassenkameraden des toten Jungen. Danach fragten die beiden Jungen, ob ich mit ihnen das Grab von Peter H. besuchen würde. Ich sagte zu. Auf dem langen, matschigen Weg zum Friedhof kamen mir Zweifel; was tue ich hier eigentlich? Und das bei meiner ohnehin nicht so robusten Verfassung? Schließlich habe ich den Jungen kaum gekannt. Und dazu in Begleitung von zwei geisterhaft wirkenden Jungen im trüben, nassen Novembergrau …?
Als wir am Grab angekommen waren und die Inschrift auf dem Stein lasen, realisierten die beiden erst richtig, dass hier ihr toter Freund in der kalten, feuchten Erde ruht. Sie wirkten in sich zusammengesunken, aber auch ratlos, wie sie sich verhalten sollten. Sie wollten sich beherrschen, aber dann rannen doch Tränen über ihre schmalen, blassen Gesichter … Und in mir wirbelten die Gedanken durcheinander: ich wollte meine Fassung bewahren – konnte mich hier nicht so gehen lassen: Hier liegt also das ehemalige Heimkind, das früh seine Mutter verlor und niemanden mehr hatte, dem es vertrauen konnte, und der ihm hätte helfen können. Das sich über viele Jahre hinziehende Martyrium hat sein grausames Ende gefunden für ein ohnehin so leicht verletzbares Wesen wie es ein Junge in Wahrheit nun einmal ist. Der Junge, der so viel jugendlichen Zauber verströmte und wieder Hoffnung schöpfte für ein gerechteres, schöneres, glücklicheres Leben, und dafür um Verbündete warb, ist tot! Als Peter starb, hörte die Welt nicht eine Sekunde auf, sich zu drehen, so, als wäre nichts geschehen. Nur ein Kind eben, das noch nichts weiß und nichts kann. Hätte ich die Kraft und den Mut finden sollen, mich für ihn einzusetzen? Ohne Rücksicht auf die Konsequenzen für meine eigene Person? Hatte ich denn nicht schon oft die »Torte im Gesicht« wegen meines Engagements? Und habe ich mich nicht schon oft wie der »Rufer in der Wüste« gefühlt? Schief von der Seite angeguckt? Und dann das beängstigende Auftreten dieses Monstrums von Adoptivmutter – – –! Ausgegrenzt und abgewertet: Ein glückliches Kind sein zu wollen, entspricht so gar nicht dem Zeitgeist. Dass Jun-

gen aufgrund ihrer geheimen Anlagen zu »Giganten« werden und die »Sterne von Himmel holen konnten«, ist längst vorbei, und passt somit nicht ins heutige Weltbild. Zudem haben sie zwei Makel: 1. Sie sind männlich, und 2. Sie sind jung. Die Öffentlichkeit gibt sich ihnen gegenüber offiziell uninteressiert, gleichgültig, ignorant. Doch wir wissen aus der modernen Forschung, dass die eigentlichen Motive des Menschen für sein Handeln aus dem verborgenen, tiefsten Innern kommen. Hier schlummert auch der Schmerz über das verlorene, eigene, innere Kind, das zudem nie gelebt hat. Das seine heimlichen Wünsche, Sehnsüchte, Begierden und Träume nicht erfüllen konnte, denn es wurde ein Opfer seiner Erziehung. Das Kind ist Privatbesitz. Das Kind muss auffindbar bleiben. Es muss jederzeit Rechenschaft darüber ablegen wo es sich aufhält, was es macht oder was es gemacht hat. Angestachelt durch die Sensationsmedien kreischt sofort alles los, wenn ein Kind nach Glück und Eigenständigkeit strebt: das lässt das Unbewusste hochkochen und die Seele bluten! »Wie kann er es wagen, ohne uns glücklich zu sein? Er *muss* uns doch brauchen!« Das lässt Menschen Amok laufen; mal mit Schaum vor dem Mund, mal zölibatär lächelnd.

Das Thema Peter H. ist für mich scheinbar abgeschlossen. Doch diese Zeilen über die besonderen Umstände seines Todes rühren in mir wieder Selbstvorwürfe über meine Hilflosigkeit auf. Sie lassen mich auch nach Jahrzehnten im Innern nicht zur Ruhe kommen.

Der Autor dieser Dokumentation hat bisher versucht, Eigenarten und Besonderheiten von Jungen darzustellen, ins Bewusstsein zu rücken und transparent zu machen. Doch nicht nur das: So können Jungen durch ihre Außergewöhnlichkeit und Einmaligkeit auch in anderen Bereichen für Aufsehen sorgen und u. U. Verwirrung stiften. Aber um sich zu entfalten, benötigen sie zunächst eine oder mehrere Projektions- und Reflexionsflächen. Dies geschieht in Form von Personen ihres Vertrauens, die zudem ihre Angst überwinden und sich ohne Wenn und Aber auf sie einlassen. Sodann beginnt ein Interaktionsprozess mit anfänglich zumeist verschlüsselten Botschaften. Doch dieser Prozess bedarf eines Übertragungsmechanismus, welcher sich aufgrund der außergewöhnlichen Anlagen von Jungen nur in einem harmonisch-kosmischen Rahmen und gegenseitigem Respekts zu entfalten vermag.

Doch der Autor dieser Zeilen ist kein Utopist: Er weiß, dass vorstehende Zeilen das Fassungsvermögen des Normalbürgers schnell an seine Grenzen geraten lassen. So geschehen auch in dem Filmdrama »Clément« (F. 2001), den der Autor als Beleg für die vorstehend beschriebenen Besonderheiten von Jungen beispielhaft vorstellen möchte. Oft kommt es vor, dass der Junge mit seiner Fackel die Glut z. B. auch in der Liebe erst richtig entfacht, was die Liebenden ebenso unerschrocken wie überstürzt handeln lässt.

Clément (13) und Marion (30)

Marion ist Mitte dreißig und führt ein unabhängiges Leben. Auch an Männer bindet sie sich nicht. Eines Tages fährt sie auf die Geburtstagsparty ihres Neffen Benoit aufs Land. Sie tollt dort mit den Kindern im Garten herum und amüsiert sich. Der 13-jährige Clément verliebt sich in Marion. Sie findet das amüsant und lädt den schüchternen Jungen zum Wochenende ans Meer ein. Dabei funkt es auch bei Marion. Regie: Emmanuelle Bercot, die auch die Rolle der Marion spielt. Der »Geo« schreibt dazu etwa sinngemäß: »Wenn sie (die Jungen, d. A.), einen Mann gefunden haben, der sie ernst nimmt, lassen sie ihn nicht mehr gehen.« Warum sich Jungen vorwiegend an Männer wenden, ist nicht erforscht. Auch Freud und Sullivan wussten darauf keine Antwort. Doch kehren wir zum Film zurück. Muss Marion als Frau daher im Umgang mit Clément scheitern? Unter anderem deshalb, weil sie sich vielleicht in die äußerst vielschichtige Gefühls- und Gedankenwelt eines Jungen nicht richtig hineinversetzen kann?

Während der Junge beim Schwimmen Marion in eine Ecke des Schwimmbades manövriert und sich an sie schmiegt, wirbeln seine Beine haltsuchend im Wasser. Dies ist drehbuchtechnisch ebenso geschickt wie diskret in Szene gesetzt, so dass man mit der Unterwasserkamera von der Seite betrachtet sehen kann, Clément in seiner kurzen, hautengen Badehose ist noch ein sexuell unterentwickeltes Kind (lange, schlabberige Badehosen sind in Frankreich übrigens verboten). Die Unreife von Clément veranlasste ja auch den Vater von Marion während einer heftigen Auseinandersetzung zu der Bemerkung, was sie denn von diesen »4 Zentimetern« überhaupt erwartet?

Während Clément sich im Wasser an sie presst, und sie seine Jugendlichkeit auf ihrer Haut spürt, prasseln pausenlos kleine, spitze »Pfeile« auf sie ein. Während ihre anfängliche Angst und Unsicherheit immer mehr verfliegt, durchfluten sonderbare Wonneschauer ihren Körper. Von seinen braunen Augen gebannt, denkt sie vielleicht in etwa: »Wenn ich jetzt hier verschlungen werde wie das Kaninchen von der Schlange, dann soll es halt so sein!« Sie kann sich dieser sonderbaren Situation nicht entziehen. Seine Pfeile haben ihr Ziel gefunden; die Fackel, die er »stand by« in seiner Hand hält, ist entfacht und lodert nun hell empor. Marion nimmt wahr, dass in dieser »Feuersbrunst« etwas Mystisches mitschwingt, ungefragt und ungesagt.

In einer anderen Filmszene will sie den Jungen im Auto sozusagen zu sexuellen Handlungen zwingen; hier gibt sie sich bestürzend schroff und unsensibel. Der ungeheuere Strukturreichtum eine Jungenseele lässt solche Grobheiten aber nicht zu. Seine Hosentasche ist prall gefüllt mit »Murmeln«, die er zunächst einmal »sortieren« muss. Und jede Murmel steht für eine Besonderheit, Außergewöhnlichkeit. Alles wird sorgfältig geprüft und dann erst bewertet. Der Normalbürger ist völlig ahnungslos über diese Zusammenhänge. Die verbreitete Auffassung, man könnte sie hinters Licht führen, ist ein tragischer Irrtum mit im Verlauf unabsehbaren Folgen, was sich Tag für Tag aufs Neue bestätigt.

Ein Mädchen kommt zumeist mit viel weniger Murmeln aus, was es für sie in vielfacher Hinsicht einfacher macht. Sie kommen schneller zu einem Ergebnis. So werden z. B. solche groben Verhaltensweisen wie die von Marion von Mädchen ohne Weiteres akzeptiert, jedoch von einem Jungen als verletzend und unanständig empfunden.

Doch zurück zur Szene im Schwimmbad: Das, was sich bei Marion als Wohlbefinden äußert, will sie später im Hotelzimmer fortführen. Das dort dann stattfindende Liebesspiel ist beleuchtungstechnisch in gleißendes Licht getaucht, was die Dimension dieser Situation deutlich machen will. Doch die junge Frau ist verblendet und erkennt nicht, was auf sie zukommt. In brillanter und eindringlicher Weise gelingt es dem Film, auf die möglichen Konsequenzen einer solchen Beziehung, die nicht von dieser Welt zu sein scheint, hinzuweisen. Für Clément ist es entsprechend seiner geistigen und körperlichen Unreife nur ein Spiel auf Zeit, gespeist aus Neugierde und

Eitelkeit. Als er sich natürlicherweise dann kurzfristig auch prompt einem etwa gleichaltrigen, sehr hübschen Mädchen zuwendet – von Marion heimlich beobachtet – droht die junge Frau daran zu zerbrechen. Sie spielt mit Selbstmordgedanken. Die Beziehung zu ihrem bisherigen erwachsenen Freund ist zerbrochen; er langweilt sie nur noch. Wird sie je wieder einen Mann lieben können?
Der Film bietet eine Fülle von Diskussionsstoff, was er sicherlich auch beabsichtigt hat, mir aber nicht bekannt ist, ob es dazu kam.

Der Autor möchte noch einmal zusammenfassen: Die Konfrontation, die sich aus der Unmöglichkeit dieser Beziehung ergibt, ist während des ganzen Films zu spüren. Das Kind ist zwar neugierig, aber überwiegend in sich gekehrt und unsicher aufgrund der unterschiedlichen, eigenen Wahrnehmung und der Wahrnehmung einer sexuell erfahrenen, erwachsenen Frau. Seine eigenen Empfindungen sind mehr entwicklungsbedingt, was sich auch im teilweisen Überschwang der Gefühle ausdrückt, aber gleich darauf durch seine körper- und lustfeindliche Erziehung abgeblockt wird. Die augenscheinlich tiefen Regungen, die ein Jungengesicht zu erwecken vermag, wurden schon weiter vorne thematisiert (After the Dentist / Werbefernsehen). Die durch Feinheit, Zerbrechlichkeit und vermeintliche Unschuld in uns hervorgerufenen Emotionen können Menschen ins Bodenlose fallen lassen. Dies entzieht sich weitgehend überkommenen, traditionellen Vorstellungen, Bewertungen. Die Tiefe des Kindes und die unsere – das ist genau die Oberfläche, wo diese Dinge aufgeschrieben sind und zum Widerhall kommen.

Wer sich an eine Freude klammert, zerstört das beflügelte Glück.
Doch wer sie im Fluge küsst, lebt im Morgenrot der Ewigkeit.

(Unbekannt)

Der erste Kuss

Mir scheint, du hast noch nie geküßt,
denn welchen Preis hat ein Gesicht
und welchen klares Sternenlicht?!
Nein, koste erst ein solches Ding,
dann schätzt du es nicht mehr gering.
Von Sehnsucht waren da umflort
des Jungen Augen, angeschmort
von dem, was halbverboten lockt,
so daß das Blut im Herzen stockt.
Von einer Gnade süß und fern,
wie von einem anderen Stern.
Sehr heilig war das, prüfenswert,
auch wenn man nicht ganz unversehrt
bei solchen Abenteuern blieb.
Ganz unvermittelt schoß ein Trieb
durch seine Lenden wie Magie
und machte all die Dinge, die
er einst geliebt, zu Kinderkram.
Ein liebes Wort nur, ohne Scham,
zu jenem Jüngling und er fand
des Knabengottes Wunderland!
Ergriffen hatte ihn die Kraft
des Jünglings und die Leidenschaft. In
seiner Seele schwang das Glück
wie eine himmlische Musik.

Mein Kind gehört mir

„Ich habe das Kind geboren-es gehört mir." Eltern sind fest davon überzeugt,da es so ist; und wehe iemand wagt es, dies infrage zu stellen. Und stets wird vorgegeben, alles geschehe nur aus Liebe zum Kind. Dem Kind wird pausenlos eingeredet, das es ohne die ständige Obhut seiner Eltern verloren ist. „Du *mußt* uns doch brauchen!" Nach ihrer eigenen Meinung dazu werden Kinder sonderbarerweise nie befragt. Doch JANUSZ KORCZAK entzaubert die Erzieherliebe: „Nicht sie sind es die unsere Liebe brauchen, sondern wir ihre Liebe. Und wir zürnen ihnen,wenn sie sich uns entziehen." Nichts scheint für Erwachsene selbstverständlicher zu sein, als das Kinder ihre Eltern lieben und umgekehrt genauso. Aus lauter Angst vor physischem und moralischem Schaden privatisieren sie das Kind und verderben ihm so das wahre Leben. Doch die Fackel in seiner Hand wird so nicht entflammen (S.a. Kapitel „Mit Köcher, Pfeil und Fackel"). Deswegen stellt KORCZAK die Forderung auf, jedes Kind sollte in jedem Erwachsenen einen Vater oder eine Mutter haben, der es annimmt und für es da ist. So kommt es wahrscheinlich im nicht mehr existierenden 13. Gebot zum Ausdruck: „Liebet einander." Doch die zweitstärkste Kraft des Menschen ist der Neid, die Eifersucht. So kommt es postwendend zu einer Massenhysterie, zudem angestachelt durch die Sensationsmedien, wenn Kinder es wagen eine Außenbeziehung einzugehen. Hinzu kommt, das die Transzendenzerfahrung in der Liebe als unerwünschte Konkurrenz zu anderen Gotteserfahrungssystemen gesehen wird. Daher wird sie von der anonymen Institution unerbittlich bekämpft.
Jungen sind absolut authentisch. An Sprays, Schminke, Puder, kosmetische Operationen, haben sie keinen Bedarf und lässt sie bei der Schönheitsindustrie durch das Raster fallen. Es ist auch eine Frage der medial verordneten Wahrnehmung: Lässt du noch gucken oder guckst du schon selber? Auch fehlt

es allgemein an Sachkenntnis und Herzensbildung. Dementsprechend sieht man sogut wie nie Jungen auf Titelblättern, Plakaten o.ä. (s.a. Calvin Klein S. 97f). Doch ohne Herzensbildung gibt es keine Bildung (eine Bildung,die diesem Begriff in weitestdem Sinne gerecht wird). Dazu gehört auch die außergewöhnliche Fähigkeit visionärer Wahrnehmungen. Finden diese nicht mehr ausreichend statt, gibt es keine Zukunft (S.a. Abschnitt „Schlafes Bruder"). Um die Unversehrtheit der Kinder und deren Rechte geht es auch, wenn die Aufklärung über sexuelle Vielfalt politisch gewollt ist (aktuelle Diskussion in BW). Dies kollidiert mit den eher konservativen Vorstellungen der Eltern darüber, mit welchen Werten sie ihren Nachwuchs aufziehen. Wer hat hier die Hoheit? Diese Frage ist deswegen so heikel und so entscheidend, weil sie diskret zum verborgenen Kern dessen führt, wer diese Wesen eigentlich sind um deren Wohl wir vermeintlich so aufopfernd ringen. Das Kind ist ein Naturkind; es ist immer ein Kind seiner Natur.

Kleine Engel, falsche Götter

In seinem Vortrag von 2013,Teil 1, spricht Köhler von der „dritten Kraft" als etwas, das dem Kind ganz allein gehört (S.a, Abschnitt „Du bist noch nicht soweit"). Doch das Kind ist in doppelter Hinsicht ein Götze: Einerseits ein anbetungswürdiger kleiner Engel. Andererseits ein dämonischer falscher Gott. Doch dieses Glücksversprechen können Kinder unmöglich einhalten. Sie sind für unser Glück nicht zuständig und für unser Unglück nicht verantwortlich. Es wird auch diskutiert, wie Kinder im Internet überwacht werden können (zu ihrem eigenen Schutz natürlich).

Kurze Zusammenfassung und Weiterführung

Ich bin schon in der Einleitung kurz darauf eingegangen, wie das Interesse an dem vorliegenden Thema seinen Lauf nahm. Dazu möchte ich noch einmal einen Bogen ganz weit zurück schlagen. Es kam bei mir zu einer lebensbedrohlichen Krankheit, welche standardmedizinisch nicht heilbar ist. Die dennoch erfolgte Heilung und die ungewöhnlichen Umstände dieser Genesung bewirkten in mir einen tiefgreifenden Bewusstseinswandel. Eine wichtige Rolle spielten dabei Menschen, die mir nahestanden. Ihre Zuwendung bestand auch in dieser schweren Krise fort, als ich aus gängiger medizinischer Sicht bereits aufgegeben war. Dieser glückliche Umstand hatte einen wesentlichen Anteil an meiner Gesundung. Es war der Dank für meine für sie geleistete Betreuungsarbeit. Doch lassen sie mich zurückkehren: Angeregt durch besondere Erfahrungen spürte ich, es muss mehr da sein, als die physisch wahrnehmbare Welt. Durch entsprechende Informationen fand ich meine Annahmen zusätzlich nach und nach bekräftigt.

»Die Welt gehört in Kinderhände.«

Während meines Diplomstudiums Mitte der 90er Jahre setzte ich mich mit dem Thema »Quantenfeldtheorie und Gehirn« auseinander. PENROSE, TH. (ca. 1995), geht der Frage nach, ob Quanteneffekte, die makroskopischen Ursprungs sind, das physikalische Gehirn zu beeinflussen vermögen und dadurch eine umfangreiche Aktivität auslösen. 2006 formuliert D.W. LIEDKE einunddreißig bisher unbeantwortete Fragen nach dem Wesen der Welt. Diese Fragen sind nach dem gegenwärtigen gängigen Wissenschaftsverständnis nicht zu beantworten. Spielen gerade Jungen mit ihren außergewöhnlichen Anlagen – bisher noch wenig erforscht – hier möglicherweise eine wesentliche, wenn nicht gar entscheidende Rolle ? Ich weiß, von solchen Hypothesen will man zurzeit nichts wissen. Das stimmt mit der Tatsache überein, dass Jungen permanent ausgegrenzt und abgewertet werden (Hamburger Bürgerschaft). Zudem haben sie nach dem heute gängigen Menschenbild – wie schon ausgeführt – den doppelten Makel, jung und männlich zu sein.

In den von mir verfassten bißher vorliegenden Seiten habe ich vorwiegend versucht, den Blick auf ein bisher so gut wie unerforschtes Wissensgebiet zu lenken und dabei meine eigenen Beobachtungen und Erfahrungen im Umgang mit Jungen zu Papier gebracht.

„Außerdem sind die doch noch viel zu klein usw." Auch mir liegt dazu allgemein zugängliches Material kaum vor. Und am desaströsen Zustand der Welt soll ausgerechnet der falsche Umgang mit Jungen schuld sein? Es sind doch „nur" Kinder. Die sollen uns erst mal nachmachen, was wir schon geleistet haben. Doch der Schriftsteller BODO KIRCHHOFF bringt es auf den Punkt: Alles, was Kinder lernen sollen, bedarf eines Übertragungsmediums – und das kann nur Liebe sein. Daran knüpft sich ein weiterer wichtiger Aspekt als Voraussetzung für ein erfolgreiches und gelungenes Leben: ein harmonisches Umfeld. Nur im Zustand der Entspannung gelingt es Jungen, mit den ihnen eigenen Planeten in Kontakt zu treten, um ihre Geheimkräfte zu entfalten. Dazu unabdingbar ist eine Privatsphäre, in die sie sich bei Bedarf zurückziehen können und aus der sie ihre Kraft schöpfen. Doch aus lauter Angst vor moralischen oder physischen Schäden verderben sie dem Kind jedoch das wahre Leben und unterwerfen es ihrer ständigen Aufsicht. So blockieren sie die Offenbarung der besonderen Begabungen und Anlagen. Oder sie klammern sich an wie Ertrinkende und reißen es mit in den Abgrund. Es ist dies eine Liebe, die das Kind oft als besitzergreifend, als erkauft oder als Bedrängung erfährt, und der es nicht zu widersprechen wagt. Die massiven egoistischen Interessen der Erwachsenen – raffiniert getarnt mittels eines ausgeklügelten Mechanismus verschlüsselt – werden von Kindern vage erahnt, aber nicht durchschaut. Diese Einstellung der Erwachsenen schlägt sich letztendlich im Rechtssystem nieder.

Beim Sommerfest im Freibad in S. erscholl es plötzlich ohne jede Vorankündigung aus dem Lautsprecher, alle Kinder unter 14 Jahren hätten das Bad bis 18 Uhr zu verlassen. Nach einem kurzen Schock ging es weiter wie gehabt; ernstzunehmende Proteste gab es nicht. Solche offene Kriegserklärung hinterlässt eine Blutspur der Verwüstung im Selbstwertgefühl junger Menschen mit unabsehbaren Folgen. Im derartigen Verhalten von Erwachsenen einen Zusammenhang zu sehen, wird von oberschlauen Jugendtheoretikern jedoch stets geleugnet.

Andere Länder, andere Umgangsformen

Nach indischer Auffassung z. B. braucht man für die Erziehung eines Jungen hingegen das ganze Dorf. Und an anderer Stelle: Kinder sind wie Pflanzen. Ein großer Teil wächst unsichtbar für die Augen im Verborgenen unter der Erde. Zieht man die Pflanze gewaltsam heraus, stirbt sie langsam ab. Alles wirklich Wichtige vollzieht sich tief im Innern in den Tiefen der Seele. So stammen denn auch nicht zufällig 85 % aller Hochqualifizierten, die heute weltweit ausgebildet werden, aus Ländern, wo Umgangsformen herrschen, die der Entfaltung des Menschen entgegenkommen. In Deutschland stagniert ihre Zahl hingegen seit langem.

Hier gibt es zu viele Berührungsängste

Außerdem haben gerade Jungen unter anderen Besonderheiten ein extremes Harmoniebedürfnis, mehr als jede andere Bevölkerungsgruppe. Aber gerade das unterstreicht ihren Sonderstatus innerhalb der Quantenfeldtheorie. Jeder, der Jungen unter seinem Dach beherbergt, weiß, wie hypersensibel sie auf Streitigkeiten z. B. im familiären oder schulischen Umfeld reagieren. Es ist wenig bekannt, wie ausgeprägt ihr Grundbedürfnis nach kosmischer Harmonie ist. Ist das aber gegeben, können sie zu »Giganten« werden (R. M. RILKE).

Die erwarteten übergeordneten Resultate vollziehen sich eher unabsichtlich, frei frei von jeglichem Zwang in einem veränderten Bewustseinszustand.

Als der Psychiater genervt und ungeduldig guckte, konnte der kleine Peter den Gegenstand auf dem Tisch nicht mehr mit Gedankenkraft bewegen. Peter H. zog als Konsequenz seiner disharmonischen Lebenssituation gar den Freitod vor. Marion (30) fand sich von Clément (13) in sonderbarer Weise so bezaubert, dass sie sich in irdischen Gefilden später nicht mehr zurechtfand.

Nerven wie Drahtseile. »Zündkabel« müssen intakt sein, sonst gibt es »Zündaussetzer«, »Kriechströme«.

Neben der verblüffenden Fähigkeit, extrem abzuschalten, gibt es weitere Bedingungen für kosmische Inspiration bei Jungen. Nach PENROSE ist der Transport der Hormone durch das Gehirn über den synaptischen Spalt hinweg abhängig von der Dicke und Intaktheit der Umhüllung der Nervenfasern. Diese Umhüllung der Nervenfasern im Gehirn besteht aus Myelin, einer wachsartigen Schicht. Durch sie laufen winzige Röhrchen, mittels derer an den präsynaptischen Vesikeln bestimmte Stoffe freigesetzt werden. Durch bioelektrische Impulse kommt es so zu Quanteneffekten. Die Qualität der Umhüllung der Nervenfasern ist wesentlich von einer Stoffwechselrate (die entsprechend hoch ist) abhängig. Deswegen dürfte vielen geplagten Eltern der enorme Appetit ihrer Jungen klar werden.

»Mein Kind frisst mir die Haare vom Kopf« oder »dafür kann ich ein Schwein füttern« oder »er ist ein Vielfraß«.

Warum Jungen soviel essen

Gelangen jedoch durch den kulturellen Niedergang und den Zerfall der Essgewohnheiten zu viele denaturierte Nährmittel und darin enthaltene Chemikalien in den Körper, werden die Umhüllungen brü-

chig: Die Nerven liegen »blank!« Quanteneffekte makroskopischen Ursprungs als Auslöser für besondere Leistungen werden so verhindert. Es kann zu regelrechten Kurzschlüssen im Gehirn kommen. Jegliche Therapieversuche werden nichts nutzen, da sie an den URSACHEN des Problems vorbeigehen.
Gesellen sich dazu noch Isolation und Einsamkeit, ist das Jungen-Chaos da.
Genauso, wie Quanteneffekte an den Stoffwechsel gebunden sind, wird auch das Immunsystem – das ist die körpereigene Abwehr von Krankheiten – im Darm gebildet. Vorstehend beschriebene Ernährungsfehler sind zusammen mit Einsamkeit als Folge der erzwungenen Abschottung von der Außenwelt Hauptverursacher für Infekte und Krankheiten. Außerdem kommt es zu Konzentrations- und Verhaltensstörungen.

Aber er hat doch so viel Spielzeug und ein eigenes Zimmer …

Als weiterer Faktor muss heute in der vielseitigen Ablenkung durch elektronische Medien gesehen werden, was erheblich zur Zerrüttung des Nervensystems beiträgt. Dies muss als größtes Hindernis für die Entspannungsstabilisation gesehen werden. Sie kommen in ihrem Kern einfach nicht zur Ruhe! Die Fackel, die er zur Erbauung der Menschen hochhält, wird nicht wie gewünscht emporlodern; sie wird in seiner kleinen Hand kraftlos herabsinken –.

Besondere hirnorganische Strukturen bei Jungen

Wie kommen diese außergewöhnlichen Leistungen von Jungen eigentlich zustande? Das Quantenfeld übt eine derartig starke Sogwirkung auf Jungen aus. Diese wiederum entfalten auf ihre Umgebung so eine Saugkraft, der man sich kaum entziehen kann. (S. a. HENNING KÖHLER, S.15 u.a.o.) Und was nehmen Menschen nicht alles in kauf.., um endlich einen Jungen unter ihrem Dach beherbergen zu dürfen. Dafür jetten sie u.U. durch die ganze Welt."Je tiefer der Schlaf, umso größer ist die Entfernung, um die sich der Astralkörper vom physischen Körper trennt."(MULDOON/CARRINGTON,S.199). S.a.......Jungen und ihre spezifischen Eigenarten,S.13.Erst das Zusammenleben mit Jungen scheint vielen den richtigen Sinn des Lebens zu geben und sie glücklich zu machen. Dabei tritt eine extrem egoistische Einstellung zutage, über deren dramatische Folgen die Erwachsenen sich nicht im Klaren sind.S.a.Kapitel „Mein Kind gehört mir. "Doch zurück zu Jungen und ihren aussergewöhnlichen Anlagen. "Wenn Zirbeldrüse und Hirnanhangdrüse zusammenwirken, wird eine verborgene Kraft wirksam. Dabei wird das Bewusstsein des Einzelnen ausgeschaltet(...)daß das magnetische Feld der höchsten Geistigkeit und höchsten Empfangsorgane verbunden werden. Die kosmische Kraft ist allgegenwärtig; sie wird weder geschaffen noch verbraucht – sie fließt ab und ist im A. aufgespeichert.

Neurophysiologisch betrachtet ist es so, daß das Hormon Melatonin in der Zirbeldrüse erzeugt wird. Es ist im Zusammenhang wichtig das zu wissen, um die tieferen Vorgänge in Körper von Jungen besser zu verstehen. Es steuert den Tag-Nacht-Rhytmus des Körpers. Es ist wichtig für Gedächtnis, Wachheit am Morgen, zum Lernen und zum Erinnern. Es wird gerade von Jungen in großem Maße produziert (Faktor 12, beim älteren Menschen sinkt er bis auf 3). So ein Modul für den „Transponder", ein Sende- und Empfangsgerät (Antenne) braucht natürlich viel Platz. Deswegen haben Jungen häufig im oberen, hinteren Kopfbereich eine stärkere Wölbung (da wo Frauen sich die Haar hochtoupieren oder hochstecken). Häufig ist bei bei Jungen ein Phänomen zu beobachten, das auch die kurzgeschnittenen Haare fast senkrecht zuberge stehen, was auf eine starke, elektromagnetische Aktivität schließen läßt. Die Kopfform ist insgesamt breiter und runder wegen der intensiven Gehirntätigkeit mit einem harmonischen kurzen Hals. Die Gehirnmasse kann die Größe einer Kinderfaust erreichen und hunderte von Gramm wiegen. (Dies sind Grundannahmen, belastbares Forschungsmaterial liegt uns nicht vor). Personen, die diese Hirnsubstanz nicht vorweisen, kaschieren ihre schmale, längliche Kopfform oft durch lang herabhängende Haare. Man kann davon ausgehen, das Jungengehirne LysergSäureDiäthylamid (LSD) verstärkt produzieren, das als Mutterkornalkaloid natürlich vorkommt. Ein bioelektrischer Impuls (extreme Entspannung - quantenfeldtheoretischer, bzw. quantenphysikalischer Ansatz -), löst eine biochemische Reaktion aus. Dessen psychoaktive Wirkung ruft z. B. Halluzinationen, sowie die beschriebenen Phänomene bevorzugt bei Jungen hervor. Die mittelmeerischen Hochkulturen begannen damit, als man die außergewöhnlichen Anlagen von Jungen (Weissheit, Intelligenz, prophetische Begabungen erkannte s.a.a.o.), und klug zu nutzen verstand. („Meister, was sollen wir tun?") Ja, aus der Klugheit von Jungen haben sich die Hochkulturen überhaupt erst entwickelt. Mit dem Verlust

Foto des Autors im Alter von 11 oder 12 Jahren während eines Schulausflugs in T. am Schiffsanleger

der kulturellen Identität vor 3000 Jahren nahmen Ignoranz, Arroganz, Überheblichkeit, Mißachtung Jungen gegenüber immer mehr zu, und haben heute ein unglaubliches Ausmaß erreicht. Paralell dazu beschleunigt sich die Abwärtsspiraleder Welt immer mehr.

Das mangelnde Verständnis für die außergewöhnlichen Eigenarten ist Ausdruck der geltenden Normen. So werden sie sehr schnell als Träumer oder als nicht normal von der ahnungslosen Öffentlichkeit abgetan, wenn sich ihre außergewöhnlichen Begabungen zu offenbaren beginnen und sie in eine Art Wachkoma fallen.

Zu den weiteren besonderen Begabungen von Jungen zählt die verblüffende Fähigkeit, die Selbstheilungskräfte zu mobilisieren. Ebenso sind sie bevorzugter Mittler zwischen der physischen und der nächsthöheren Ebene. Sie fungieren dort als Trostspender und helfen Verstorbenen, den Weg in die Ewigkeit zu finden.

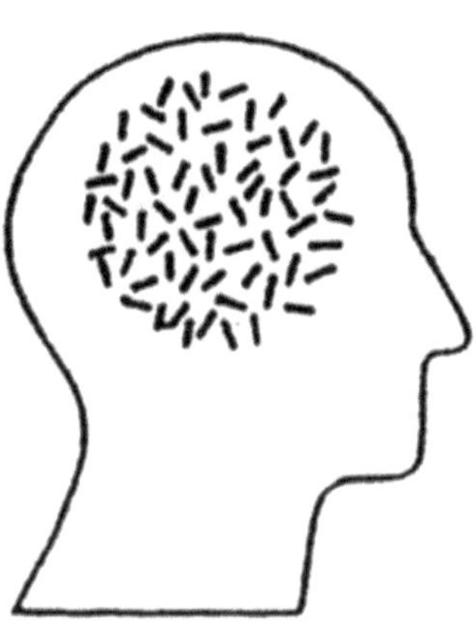

Energieverlust durch schadhafte Umhüllung; Chaos blockiert das Gehirn.

Im Zustand der Entspannung ist die Gehirnwellenkohärenz optimal geordnet. Hiervon abhängig ist die Koordination der körperlichen und geistigen Funktionen. Es ist der Beginn der Entfaltung der kreativen Intelligenz u. Kraft.

Die Ideen der Erwachsenen zur Bewältigung des weltweiten Aufruhrs sind seit langem erschöpft. Doch wer soll die Welt retten: Superman? Mickey Mouse? Mister Universum? Meiner Meinung nach müssten die phänomenalen Anlagen von Jungen ganz einfach mehr erforscht werden, um sie bei wichtigen Entscheidungsprozessen einzubinden. So war es schon vor Jahrtausenden in den Kulturgesellschaften üblich. Dass eine kulturlose Gesellschaft hingegen zum Untergang verdammt ist, sehen wir am stetigen Zerfall der USA. Doch mit besonders begabten Kindern wird man heute nicht fertig: man sondert sie aus und schiebt sie in spezielle Einrichtungen ab. Gerade die mythisch-magische Götter- und Geisterwelt der mittelmeerischen Hochkulturen kam den außergewöhnlichen Anlagen besonders von Jungen entgegen. Zudem befinden sich in allen heiligen Schriften Passagen darüber, dass die Menschen ohne Visionen sterben müssen. „Die Annahme eines externen 'Geistes', der selbst nicht den Naturgesetzen unterliegt, führt weit weg von allem, was vernünftigerweise als wissenschaftliche Erklärung gelten könnte..." PENROSE, TH. S.441,

Du bist noch nicht soweit

Köhler spricht in seinem Vortrag von 2013, Teil 1 neben Vererbung und Umwelt von der „dritten Kraft". Das ist das Geheimnisvolle, das dem Kind ganz alleine gehört. Es ist dieses Rätsel, das Menschen in ihren Bann zieht wie sonst nichts auf der Welt. Doch die Kraft, die sich hier zu entfalten sucht und zumeist unbewusst wahrgenommen wird, übersteigt unser Fassungsvermögen. Ich werde mich – wie schon an anderer Stelle in dieser Doku - mit diesem Thema noch einmal etwas weiter ausholend auseinandersetzen. „Die wahre Natur des Menschen ist Glückseeligkeit, diese ist dem wahren Ich angeboren. Sein Suchen nach Glückseeligkeit ist so ein unbestimmtes Su-

chen nach dem wahren Ich, das unvergänglich ist. Wenn daher der Mensch dieses wahre Ich findet, so findet er damit auch eine Glückseeligkeit, die kein Ende findet." BRUNTON, P.: S.175f,
„Der Durchschnittsmensch im Westen hat keine Zeit für eine solche Suche. Er hat eine gute Entschuldigung für das Sich-Abfinden mit der allgemein herrschenden Gleichgültigkeit, weil er weiß, – wenn er irrt – er gemeinsam mit einem ganzen Kontinent irrt. Denn dieses skeptische Zeitalter behandelt die Suche nach der Wahrheit als Belanglosigkeit, während es seine ganze Energie für die ernsthafte Verfolgung dessen aufwendet, was sich in den Augenblicken unserer klarsten Einsicht als Belanglosigkeit erweist." BRUNTON, P.: S.212,
„Wir suchen in dem Zustand heilige Trance zu kommen, denn in diesem Zustand erhält der Mensch den absoluten Beweis, dass er eine Seele hat. Dabei löst er den Geist von seiner Umgebung; die Gegenstände verflüchtigen sich, und die Außenwelt scheint zu verschwinden. Er entdeckt in sich die Seele als ein lebendiges, wirkliches Wesen; ihre Seligkeit, ihr Friede und ihre Allmacht überwältigen ihn. Was er braucht, ist nur ein einziges Erlebnis dieser Art, das ihm die Gewissheit gibt, das ein göttliches und unsterbliches Leben in ihm steckt, was er nie wieder vergessen kann." BRUNTON, P.: S.260,
Da diese Thematik unausweichlich die Fragen nach dem woher, wohin und wofür aufwerfen, möchte ich dem einen eigenen Abschnitt widmen.

An der Grenze zum Jenseits

Für das psychisch und physisch naturnahe und unverbildete Kind ist es ganz selbstverständlich, mit jenseitigen Wesen in Verbindung zu treten.
Sie nehmen Dinge wahr und hören Klänge jenseits der drei Dimensionen. Raum ist etwas ganz anderes, als uns unsere

fünf Sinne vortäuschen. Dies finden wir ja auch bestätigt in vielen gleich klingenden Märchen und Sagen von Völkern, die nie untereinander in Berührung kamen Sie nahmen ihren Ursprung aus Wahrnehmungen von Menschen, die der Natur näher standen als wir. Dieser Sachverhalt liegt uns ja auch in Goethes märchenhafter Dichtung vor: „Mein Sohn, es ist nur ein Nebelstreif." Doch zurück zum Thema: wie kommen die außergewöhnlichen Leistungen (bes. auch von Kindern) zustande? Und ist Glückseeligkeit einfach nur vom Grad der Entspannung abhängig? Daß es Töne gibt, die wir nicht hören, Farben, die wir nicht sehen, und es wohl auch Dinge gibt, die wir nicht greifen können, also eine Welt, die sich am gleichen Ort wie unsere "grobstoffliche" befindet und sie durchdringt, weiß jeder nur halbwegs Gebildete. Aber er wendet dieses Wissen merkwürdigerweise nicht an, wenn es gilt, ein Urteil abzugeben, ob es in jener Welt auch Wesen geben könne oder nicht gar die Möglichkeit, dass solche Wesen mit uns in Verbindung treten und uns sichtbar werden könnten. Sei es, indem wir unsere Wahrnehmungskraft zu diesem Zweck schärfen, sei es, dass jene Wesen Mittel und Wege finden, für unsere Begriffe „stofflich" zu werden, wird glatt verneint. Eher noch wäre man gewillt, an die Möglichkeit einer Verbindung mit Geschöpfen auf dem Planeten Mars zu glauben.
Der Autor dieser Zeilen erinnert sich heute noch an Begegnungen mit jenseitigen Wesen bereits in seiner Kindheit, die jedoch alles andere als angenehm waren. Namhafte Forscher vertreten die Auffassung, dass es eine objektive Wirklichkeit überhaupt nicht gibt, sondern nur eine subjektive.
Die Gedanken des Menschen sind schöpferischer Art und imstande, unter gewissen Bedigungen, insbesondere, wenn sie aufs Äußerste konzentriert – etwa wie Sonnenstrahlen in einer Brennlinse gesammelt werden – auf die sogenannte Materie verändernd zu wirken. Dies trifft auch zu für Apporte.

Demnach geschieht ein Apport in der Weise, dass ein Gegenstand aus einem dreidimensionalen Raum in die vierte Dimension (s.a. Sai Baba) „entrückt" wird, also an einen Ort verschwindet und dann wieder in das Reich der drei Dimensionen zurückversetzt wird (das ist: an einem zweiten Ort wieder erscheint (Transsubstantiation). In diesem Fall könnte man sagen: er hat nicht einmal einen Weg in unserem Sinne zurückgelegt. (Raum ist also etwas ganz anderes, als uns unsere fünf Sinne vortäuschen).

Schlafes Bruder

All diesen paranomalen Vorgängen muss ein ganz bestimmter Zustand vorangehen. Solche Ereignisse sind üblicherweise sporadisch und nicht vorauszusagen. Als weiteren Beleg für die außergewöhnlichen Anlagen von Jungen möchte ich hier den Film „Schlafes Bruder" anführen: Elias wurde zu Beginn des 19. Jahrhunderts in einem einsamen Bergdorf geboren. Er hatte zunächst keine Herztöne. Erst als die Geburtshelferin singt, beginnt sein Herz zu schlagen. Elias scheint das absolute Gehör zu besitzen: er singt im Schulchor mit Elfenstimme. Er hört überall visionengleich Stimmen. Die einzige, die zu ihm Zugang findet, ist die junge Elisabeth, die sich in ihn verliebte. Sehr zum Missfallen von Elisabeth`s Bruder Peter, der sich ebenfalls zu Elisas hingezogen fühlt. Auf einem weißen Stein in einem von Schilf fast zugewachsenen Bergsee gibt Elias sich der von der Abendsonne beschienenen Bergwelt hin um diese in Klangvisionen umzusetzen. Dazu hat er sich zuvor vollständig entkleidet. Dies alles geschieht in Gegenwart von Peter, der ihn bei seinen Riten beobachtet, nachdem er ihm heimlich gefolgt ist. So auch später, als Elias im Erwachsenenalter beschließt, auf diese Art sein irdisches Leben zu beenden, von seinem Freund bedrängt es nicht zu tun. So dämmert

Elias seinem physischen Tod entgegen. Auch der verzweifelte Peter kann dies nicht verhindern, obwohl er ihn anfleht. Die Augen von Elias haben bereits den überirdischen Glanz an der Schwelle zum Jenseits, oder den „Schimmer des Bardo," wie es die Tibeter nennen. Sein Gesicht spiegelt eine unbeschreibliche Glückseeligkeit angesichts des nahen Todes wieder.

In der fernöstlichen Kultur werden besondere Übungen zur Verfeinerung des Hörvermögens durchgeführt." Die Übungen berühren den inneren Klang." BRUNTON, P.: 1974, S.291f, „Die Kraft, die auf unserer materiellen Ebene als Klang erscheint, ist nur ein Widerhall jener subtileren Kraft, aus deren Wirken das Weltall hervorging. So wie ihre Wissenschaftler die Materie auf Elektrizität zurückführen, können wir die Kraft, die wir auf der materiellen Ebene als Klang hören, auf eine höhere Schwingung zurückführen, die jedoch für unsere Ohren nicht vernehmbar ist, weil sie auf der geistigen Ebene existiert. Einem Klang haftet die Eigenheit der Region an, der er entstammt. Wenn Sie daher Ihre Aufmerksamkeit in einer bestimmten Weise nach innen richten, können Sie eines Tages die mystischen Worte hören, die am Anfang der Schöpfung, bei ihrem Auftauchen aus dem Chaos, ertönten und den wahren Namen des Schöpfers verkünden. Jene Worte haben als Widerhall in der Seele des Menschen Eingang gefunden."

Ebenso anrührend, wenn auch nicht so dramatisch endend wie in „Schlafes Bruder" ist die Erzählung „Ein Knabe weint". von Jahnn, Hans Henny (ohne Ort und Jahr).

Die Handlung spielte in Norwegen, in Oslo an einem 17. Mai (Nationalfeiertag) Anfang des 20. Jahrhunderts. In einem Vergnügungspark stand ein Karussell mit hängenden Gondeln, dazu gehörte ein Orchestreon, eine mechanische Orgel, von auffallender Größe, der ein Knabe von etwa 12/13 Jahren lauschte. Er richtete die Augen auf die hölzernen Pfeifen, die links und rechts ansteigend in die Öffnung des Ovals aufgestellt waren und gab sich den Vorgängen des Klanggeschehens hin. Er entwickelte eine Begeisterung für die Klangfarbe der Töne,um ihre tiefe Sinnlichkeit zu erfahren, wozu es in seinem Alter an und für sich eine erhöhte Bereitschaft gibt. Er fühlte deutlich, dass ein schluchzendes Wirbeln von seinem Herzen verlangt wurde. Er kämpfte noch gegen die Triebe seines Herzens, sträubte sich, mit seinem Taschentuch das Wasser fort zu wischen. Als die Vorübergehenden fragten, „worüber weinst du?" antwortete er aufgelöst durch die verlorenen Tränen... „Ich weiß es nicht." Jemand bemerkte „Ich würde sagen, es handelt sich um eine Pubertätserscheinung bei diesem öffentlichen Plärren, aber der Junge ist zu kräftig." In dieser allseitig lästigen Situation trat ein Mann hervor, zog eine zierliche Geldbörse hervor, entnahm ihr ein Zweikronenstück und drückte es in die Hand des Knaben. Dabei fühlte er, dass sie schweißig und fettig und kalt war. Aber er überwand seinen Ekel und dachte an den Zauber seiner Jungendlichkeit, der das Abstossende aufhöbe. Ganz unbehelligt schlich der Junge nachhause nach Hanshaugen, Ullevaalsvejn 14, das Zweikronenstück krampfhaft in seiner schweißigen Hand haltend.

Was tut der Engel im Astralleib?

(S.a. Abschnitt „Wie sich quantenfeldbezogene Aktivität entfaltet".) Wie schon an anderer Stelle erwähnt: nichts führt in der Öffentlichkeit mehr zu einer kollektiven Besinnungslosigkeit als unwägbare Umstände die besonders Jungen betreffen. Doch wer sind sie eigentlich diese maßstablosen, kleinen Wesen, die solchen Aufruhr entfachen? Oder wie R. M. Rilke es formuliert: „Wer stellt sie ins Gestirn? Wer weiß, wo sie eigentlich stehen?" Und es ist keineswegs abwegig zu vermuten,das die Entwicklungsgeschichte des Menschen sich in seinem tiefsten

Innern wie in einer Art „Black-Box" verbirgt. Und dies wiederum besonders ausgeprägt bei einer bestimmten Personengruppe (Jungen eben). Ausgehend von dem Quantenfeld ist die gesamte physikalische Erscheinung das Ergebnis quantenphysiologischer Prozesse, bzw. derer Schwingungen. Dieses Quantenfeld übt vorrangig auf Jungen eine enorm starke Sogwirkung aus (s.a. Kapitel „Jungen und ihre spezifischen Eigenarten".) Dieser Vorgang hat zur Folge, das eben diese Jungen in ihrem Umfeld eine starke Saugkraft entfalten. In der Nähe befindliche Personen, deren Wahrnehmungsfähigkei noch nicht zu sehr eingeschränkt ist, geraten augenblicklich in eine Art Verzückung. Deswegen klammern sich Erwachsene aus dem Umfeld zumeist unbewußt an diese Jungen an, um ihren eigenen Bedürfnissen nach Harmonie, Glück, Liebe zu genügen. Viele Erwachsene sehen in ihrem Kind „einen vom Himmel gefallenen Stern." Es ist ihr „Tamagochi", den es gegen vermeintliche Eindringlinge oft fanatisch zu verteidigen gilt (s.a. „Das Wunderkind Tate").

Jungen und Magie

Nach Alister Crowley ist der Magier... „ständig auf der Suche nach sich selbst." Wahre Magie ist ein „harmonisches Zusammenleben mit dem Kosmos." Und auf welche Gruppe von Menschen könnte das wiederum besser zutreffen als auf Jungen? Wir haben an dieser Stelle bereits erfahren, wie besorgt sie um die Anerkennung ihrer Person durch die Gesellschaft sind. Und im familiären Umfeld ist es für sie der Horror, wenn die Harmonie zwischen Vater und Mutter nicht mehr stimmt. Hier geraten Jungen schnell ins Taumeln, über soviel „Unvernunft" der Erwachsenen, zumal sie deren tieferen Beweggründe noch nicht verstehen können. Andererseits sollen sie die „Welt retten" was sie noch mehr verunsichert. Der Magier ist eine „Irdische Verkörperung Gottes“ und hat damit die Macht, das Universum nach seinem Willen zu verändern. Magie ist vom Griechischen MARGOI ableitet, was soviel wie „Weiser“ bedeutet (Wikipedia). Magie geht von der Vorstellung aus, das alles im Kosmos von einer transzendenten Kraft (Quantenfeld eben) durchdrungen ist und durch Magie auf diese Kraft Einfluss genommen werden kann. Das ist z.B. beim Doppelspaltversuch der Fall, wenn aus Wellen Teilchen werden, die sich zudem anders verhalten, wenn sie beobachtet werden. Wie sich Magie bei Jungen manifestiert, haben wir durchgängig an mehreren Beispielen dargestellt (Der kleine Peter ...Michael und das weiße Licht... Schlafes Bruder und a.O.). Doch wir wollen an weiteren Beispielen dieses überaus spannende Thema vertiefen.

-Als die Möbel „böse guckten“

Der Autor dieser Zeilen hat sich -sicherlich als Erbstück seiner Großmutter- nicht zufällig für diesen Buchtitel entschieden. Im Alter von 4, 5 Jahren verwandelten sich nachts wenn er schlief Kommode, Tische, Stühle in grünlich verschwommene Monster in seinem Zimmer, die „böse guckten“ und Anstalten machten „anzugreifen“.

-Der Drachen

Auf dem Weg zur Schule (im Alter von ca. 6Jahren) ging er über den Deich durch die Marschwiesen zur Schule in die Kleinstadt D. Derzeit fuhren noch die Dampflokomotiven. Und auf dem Schulweg schwebte eine mächtige, schwarze Rauchwolke heran und es war spannend sich Figuren oder Gesichter in der Phantasie vorzustellen. Irgendwann formte sich der Rauch zu einem archaisch, magischen Drachen: Kopf, Schwanz, Krallen, Maul waren immer deutlicher zu erkennen. Das Ungeheuer schwebte auf mich zu und machte Anstalten zuzupacken. Im letzten Moment riß ich mich los denn ich ahnte Instinktiv die große Gefahr in der ich schwebte. Ich warf mich auf den Boden, verdeckte meine Augen mit dem Arm und schrie „nein, nein nein...!" Dies liegt nun viele Jahrzehnte zurück; es ist wie eingemeißelt und noch so lebendig wie an jenem Tag. Was wäre passiert, wenn ich hier nicht gerade noch so rechtzeitig reagiert hätte? (Mens agitat molem-Geist bewegt die Materie).-

-Die Krabben

Es hatte sich im Laufe der Jahre ergeben,das ich im großen Fluß oder einem der Nebenflüsse angelte, wie es jeder Junge in dieser Region tat. Um 1900 sind im Ballastwasser großer Schiffe bis dahin hier unbekannte Flusskrabben (Wollhandkrabben) aus China eingeschleppt worden. Sie sehen aus wie große Spinnen, die im Wasser leben. Diese haben sich in vielen Flüssen von den Häfen ausgehend rasend schnell in großer Zahl verbreitet. Sie fressen nicht nur gerne den Angelköder vom Haken, sondern sie können als Amphibien auch an Land leben. Gerne verstecken sie sich im Gras, stellen ihre acht Beine auf um größer zu erscheinen und rollen mit ihren 360 Grad-Stielaugen. Sie werden ca. 30 cm groß und zerschneiden gerne die Fischernetze. Sie haben weißen Schaum vor dem furchterregenden Maul, während sie Anstalten machen anzugreifen und mit den Scheeren Fuchteln. Dazu dieser häßliche, schwarze, Handteller große, fast kreisrunde Panzer und lange schwarze Haare an Scheeren und Beinen. Kurzum, ich warf nach Ihnen um sie zu zerschmettern, weil mir dieses Wesen auf unerklärliche Weise Angst machte und anekelte- viele Jahre später: Ich sitze im Auto auf einem Parkplatz an einem Supermarkt, während Einkäufe erledigt werden. Drei schwarze Büschel aus Irgendetwas (Pflanzenfasern, Haare, o.ä,) werden vom Wind am Auto in wenigen Metern Abstand vorbeigeweht. Sie huschen etwa 20 m vor mir zwischen den kommenden und wegfahrenden Autos hin und her, ohne jedoch je überfahren zu werden, oder sonstwie irgendwie von jemand wahrgenommen zu werden. Irgendwann zieht dies schwarze Etwas (klein, mittel und groß) meine Aufmerksamkeit auf sich. Durch diese entspannte und zugleich konzentrierte Beobachtung beginnt sich aus diesem schwarzen Zeugs etwas zu formen ,was mich an Irgendetwas erinnerte; diese Krabben eben! Dies ist mit aber zunächst nicht bewußt geworden. Als sie sich aber dann so flink und bebende zwischen den Autos und Fußgängern bewegen, wie ich es hundertemale beim Angeln beobachtet habe, werden sie größer und größer. Schon bewegen sie sich auf mich der im Auto sitzt zu. Ich erkenne immer deutlicher die langen Beine mit den spitzen Krallen. Die weißen Scheeren, mit denen sie drohend fuchteln, blitzen in der Sonne, die Stielaugen rollen böse... Ich erkenne sogar die langen, schwarzen Haare an den Scheeren und an den Beinen, mit denen sie auf unnachahmlich häßliche Art zumeist seitlich über den Boden laufen, bzw. schurren... Einmal fest die Augen zu, nein, nein, nein schreien... sich gedanklich davon lösen was sich hier zu konstruieren beginnt... und schon liegen drei harmlose Büschel (klein, mittel und groß) irgendwo auf dem Parkplatz zwischen den Autos.

-Danny

Er ist 5 Jahre alt und der Sohn von Wendy und Jack in Stanley Kubriks Meisterwerk „Shining", Danny wußte schon im voraus, wie die Dinge sich entwickeln. Als noch nicht feststand, ob sein Vater die Stelle als Hausmeister im Overlook-Hotel bekommen würde, wußte er es schon im voraus. „Er hat sie schon." Dem Nigger-Koch, der den Jungen liebte, verriet er sein Geheimnis. Er zeigte auf seinen Finger, den er „Tony" nannte." Tony verrät mir diese Geheimnisse. Tony ist der kleine Junge in meinem Ohr."

Wenn die Knaben Trauer tragen

Der Verfasser dieser Zeilen nahm irgendwann mit Bestürzung zur Kenntnis, dass jungenbezogene Themen auffallend oft eine tragische Komponente beinhalten. Gibt es hier einen verborgenen Hang zum Tod? Oder eine Todessehnsucht? „Erlkönig", „Tod in Venedig", „Herr der Fliegen" sind dafür weitere Hinweise, solche Zusammenhänge zu erahnen. So auch in der Erzählung „Abdankung" von Heinrich Mann, die ich hier ungekürzt wiedergeben möchte, und die (wenn ich den Text richtig verstanden habe) mit dem Tod des Jungen endet.

Alle wollten Fußball spielen; Felix allein bestand auf einem Wettlauf.

„Wer ist hier der Herr?" schrie er, gerötet und bebend, mit einem Blick, dass der, den er traf, sich in einen Knäuel von Freunden verkroch.

„Wer ist hier der Herr" - es war das erste Wort, da er, kaum in die Schule eingetreten, zu ihnen sprach. Sie sahen verdutzt einander an. Ein großer Rüpel musterte den schmächtigen Jungen und wollte lachen. Felix saß ihm plötzlich mit der Faust im Nacken und duckte ihn.

„Weiter kannst du wohl nichts?" ächzte der Gebändigte, das Gesicht am Boden.

„Laufe mit mir. Das soll entscheiden. „Ha, lauf!" riefen mehrere.

„Wer ist noch gegen das Laufen?" fragte Felix, aufgereckt und ein Bein vorgestellt.

„Mir ist es wurscht" sagte faul der dicke Hans Butt.

Andere bestätigten: „Mir auch".

Ein Geschiebe entstand, und einige traten auf Felix` Seite. Denen, die sich unter seinen Gegner gereiht hatten, ward bange, so rachsüchtig maß er sie.

„Ich merke mir jeden " rief er schrill. Zwei gingen zu ihm rüber, dann noch zwei. Butt, der sich parteilos herumdrückte, wird von Felix vermittelst einer Ohrfeige den Seinen zugestellt. Felix siegte mit Leichtigkeit. Der Wind, der ihm beim Dahinfliegen entgegenströmte, schien eine begeisternde Melodie zu enthalten; und wie Felix, den Rausch der Schnelligkeit im pochenden Blut, zurückkehrte, war jedes künftigen Sieges gewiss. Dem Unterlegenen, der ihm Vergeltung beim Fußball verhieß, lächelte er achselzuckend in die Augen.

Als er aber das nächste Mal einen, der sich seinem Befehl widersetzte, niederwarf, war`s nur Glück, und er wusste es. Schon war er verloren, da machte sich`s, dass er loskam und dem anderen einen Tritt in den Bauch geben konnte, so dass er stürzte. Da lag er nun, wie selbstverständlich, und doch fühlte Felix, der auf ihn herabsah, noch den Schwindel der schwankenden Minute, als Ruf und Gewalt auf der Schneide standen. Dann ein tiefer Atemzug und ein inneres Aufjauchzen; aber schon murrte jemand: Bauchtritte gälten nicht. Jawohl, echote es, sie seien feige. Und von neuem musste man der Menge entgegentreten und sich behaupten.

Bei den meisten zwar genügten feste Worte. Die zwei oder drei kannte Felix, mit denen er sich noch zu messen hatte; die anderen gehorchten schon. Zuweilen überkam ihn – nie in der Schule, denn hier war er immer gespannt von der Aufgabe des Herrschens – aber daheim; ihn überkam Staunen, weil sie gehorchten. Sie waren doch Stärker. Jeder einzelne war stärker. Wenn dem dicken Hans Butt eingefallen wäre, dass er Muskeln hatte. Aber das, war auch so ein weicher Klumpen, aus dem sich alles machen ließ. Felix war allein; sein Geist prüfte, in unruhigen Sprüngen, alle die Entfernten; und seine Hände kneteten an ihren Geschichtern und stießen sie fort.

Dabei fand er für den und jenen geringschätzige Namen. Fast allen schon hatte er sie aufgenötigt, und als der neue Klassenlehrer fragte, wie sie hießen, hatte jeder den seinen angeben müssen. Klops, Lump, Pithekos. Ja: da stand der englisch gekleidete Weeke als Pithekos, und Graupel, dessen Vater der Bürgermeister war, schimpft sich Lump: weil Felix es ihnen befohlen hatte. Felix aber trug einen gewendeten Anzug; und seit auf der letzten abenteuerlichen Fahrten sein Vater – er konnte nur ahnen, wie – ums Leben gekommen war, beherbergten seine Mutter und ihn drei dürftige Zimmer in dieser Stadt – wo nun geschah, was er wollte.

Denn wie er den Kameraden die Spitznamen auferlegte machte er die der Lehrer unmöglich. Niemand konnte sie mehr ohne Scham aussprechen. Dem Schreiblehrer, an dem solange der Feigste sein Mütchen gekühlt hatte, erzwang er eine achtungsvolle Behandlung. Durch Einschüchterung und Spott brachte er es in Mode, sich auf die Mathematikstunden nicht vorzubereiten. Als aber der Professor, dem jemand geklatscht haben musste, die Klasse warnte sich von einem Unbegabten zur Trägheit verführen zu lassen, erkämpfte Felix in acht Tagen die beste Note und erklärte es für ihn ein Kinderspiel. In Wirklichkeit hatte er seinem Kopf Gewalt angetan und wusste nicht wohin vor Gereiztheit. Dem Professor der ihn durch Auszeichnungen zu gewinnen suchte, begegnete er beflissen und unnahbar. Bis zur nächsten Stunde setzte er durch, dass das eiserne Lineal erhitzt werden sollte. Das geschah hinter der Turnhalle. Wie Felix die Zweifler überzeugen wollte, dass der Professor immer im Eifer der Demonstration plötzlich mit ganzer Hand nach dem Lineal fasse, tat unbedacht er selbst den Griff und schrak zurück. Es ward gelacht. „Wer anderen eine Grube gräbt“ hieß es, und „Er kann es selbst nicht aushalten“.

Felix` Augen, die die Runde machten, wurden dunkel. Als das heiße Eisen zwischen Hölzern hineingetragen ward, ging er stumm hinterher. Alle saßen auf den Plätzen, der Schritt des Professors war zu hören; da nahm Felix das Lineal vom Pult und stieß es in sein aufgerissenes Hemd. Wie Rauschen ging`s durch die Klasse. Was sie hätten, warum niemand aufmerkte, fragte der Professor. Felix meldete sich und gab, mit weißen Lippen, die Antwort. Dann saß er wieder da und hatte, hinter seinem gekrampften, einsamen Lächeln, das eine, manchmal von Schmerzen übertobte Bewusstsein, dass sie alle, die er ansah, voll Grauen, und Unterworfenheit und mit Wallungen der Liebe durch die Finger zu ihm herschielten, und dass er hoch über ihnen schwelge und sie maßlos verachtete.

„Feuer ist nicht für euch", sagte er, als er nach drei Tagen wiederkam; „aber Wasser."Er öffnete den Brunnen. „Butt. Unter die Pumpe"

Butt gab faul seinen Kopf her.

„Weeke. Graupel." Sie kamen. Einer nach dem anderen duckte sich unter den Strahl: albern lachend und knechtisch weil auch der vorherige es getan hatte; weil es kein Witz sein konnte; weil Felix zu widerstehen gegen Klugheit und Sitte ging.

Wie es von allen Schöpfen auf die Dielen tropfte und der erbitterte Ordinarius vergeblich nach dem Anstifter umherfragte, stand Felix auf. „ich habe sie alle getauft", erklärte er gelassen und nahm sechs Stunden Karzer entgegen. Er stand auch auf, weil einer „Kikeriki" gerufen hatte und niemand sich meldete. Nicht er war`s gewesen. Das nächste Mal zog er sich einen Tadel im Klassenbuch zu, dadurch, dass er eine Grammatik dem Hintermann zum Ablesen hinhielt. Wenn er sie tyrannisierte, fühlte er sich auch verantwortlich für ihre Sünden und für ihr Wohlergehen. Er konnte sie nur als Sklaven ertragen; aber wo nicht er selbst befahl, hielt er eifersüchtig auf ihre Würde. Ein kürzlich eingetroffener Landjunker überhob sich: Felix kam darüber zu, wie er in der Mitte eines neugierigen Kreises stand, seinen ausgestreckten Arm für den Radius erklärte und ihn plötzlich rundum über die Gesichter fegte.

„Von welchem Hundekerl lasst ihr euch da ohrfeigen?" schrie Felix glühend. „Nimm dich in acht, guter Freund", sagte der junge Graf, mit einem Blick von oben nach unten. Felix stieß, außer sich, die Arme in die Luft. „Sprich so mit deinem Kuhjungen, nicht mit mir." Die Sprache versagte ihm. „Du möchtest wohl Prügel?" fragte sein Feind. Der Kreis öffnete sich und wich zurück. „Und du?" – vorspringend. Plötzlich bezwang er sich, schob die Hände in die Taschen. „Prügel von mir sind zu gut für dich; aber ich lasse dich prügeln." Zu den andern: „Verhaut ihn....Nun? er hat euch beleidigt. Macht euch das nichts? Er hat auch mich beleidigt. Ihr kennt mich. Nun?" Von seinen Worten, seinen Blicken kamen sie ruckweise in Bewegung. Sie lugten einer nach dem anderen aus, suchten mit den Ellenbogen Fühlung: da, alle auf einmal, warfen sie sich auf den Angreifer ihres Herrn. Er fiel um; ihr Erfolg machte sie wild. Felix lehnte an der Mauer und sah zu.

„Genug, er blutet. Jetzt vertragt euch wieder". Und der verblüffte Neuling ward in die Schar aufgenommen, lernte gehorchen mit der Schar. Felix übte sie. Der, dem er zurief: „Er lebe wohl," hatte in wahnsinniger Hast zu verschwinden und auf die Frage: Wie geht`s ihm?" war es Gesetz zu erwidern: „Mäßig" worauf Felix, mit gekrümmter Lippe: „Es scheint so." Irgendeiner musste nach Dunkelwerden zur Stadt hinaus, musste den Weg schweigend zurücklegen und an einem bestimmten Hause sein Bedürfnis verrichten. Es war nicht sicher, dass Felix von Verstößen gegen seine Gebote nicht auf mystischen Wegen Kenntnis erlangt haben würde; und je derber sie der Vernunft zuwiderliefen, desto fanatischer wurden sie ausgeführt. Der junge Graf brachte es dahin, dass er Punkt vier Uhr, allein in seinem Zimmer einen Stock schwenkte und dreißig mal hurra schrie. Und nach jedem Hurra rief ein anderer, der vor dem Hause stand, hinauf „Du Schaf." Tägliche Pflicht des dicken Hans Butt war es, sich während der längsten Pause in die leere Klasse zu schleichen, sich auf den Boden zu legen und mit geschlossenen Augen zu harren, dass Felix ihn

„entsündige.“ Felix kam die Treppe herauf, zwischen vier Trabanten, die an der Tür stehen blieben und das, was vorging, nicht mit Augen Schauen durften. Er umkreiste dreimal den ausgestreckten Butt; kein Atem ging in dem weiten Zimmer und ließ sich rittlings auf den Bauch des Patienten fallen. Butt konnte aufstehen.
Wenn er Butts Fett unter sich zittern und weichen fühlte, war Felix versucht, ich darauf auszuruhen. Er hatte die Empfindung, dass Butts Sünden wirklich in sein eigenes Fleisch hinüber flössen; die tierische Apathie des anderen versuchte ihn; eine Gemeinschaft entstand, die ihn selbst anwiderte.
Butt stammte aus einer Gärtnerei und war durchtränkt mit dem friedlichen Geruch erdigen Gemüses, nach dem es Felix immer wieder verlangte wie nach einem Gift, das verachtete Wonnen verspricht. Butts Schnaufen lockte ihn an; und Felix brauchte auf seinem brennenden Lauf nach einem Ziel, einer Tat nur in Butts Nähe zu kommen: Butt hing, hingewälzt, an der sonnigen Mauer: dann musste Felix anhalten; Butts Dunst fing ihn ein. Er schob – und bekam nie genug davon – diesen willenlosen Kopf hin und her, der hängen blieb, wie man ihn hängte; hob diese trägen Gliedmaßen und ließ sie fallen; versenkte sich, mit einem erschlaffenden Grauen, in Butt wie in einen lauen Abgrund. Ein wütender Fußtritt bezeichnete den Augenblick, wo er wieder heraufkam.
Sein Schlaf ward unruhig; er erwachte manchmal mit Tränen und bitterer Begierde und erinnerte sich schambestürzt, dass er im Traum Butts Körper betastet habe. Und er sann sich, mit Verachtung und Neid, in solch ein Wesen hinein, dessen Schwere nichts aufrüttelte, kein Ehrgeiz, kein Verantwortlichkeitssinn weder die Not der selbstgeschaffenen Pflichten, noch die jener Seltsamkeiten, die sich nicht gestehen ließen. Wenn die Unterworfenen einen Blick hätten tun können in das, was ihr Beherrscher verbarg. Dass er ihre Antwort auf den rituellen

Zuruf: „Wie geht`s Ihm?" mit immer neuer Qual erwartete. Dass er das Ausbleiben dieses entsetzlichen „Mäßig" selbst während der Unterrichtsstunde nie ertragen haben würde und dem Zwang erlegen wäre, zur Erlangung seines Tributs dem Lehrer laut ins Wort zu fallen. Dass er die Schritte eines, den er zu sich beschied, zählen und abergläubische Schlüsse aus ihrer Summe ziehen musste. Dass er – es ging nicht anders – jemanden, den er durch ein „Er lebe wohl" zum jähen Verschwinden bestimmt hatte, in Angst und Eile von beiden Seiten, von vorn und nochmals von links ansah, als gälte es, ihn für immer auswendig zu lernen, und dass, hatte er dies nicht fertiggebracht, Stunden voll Pein kamen.

Wie leicht sie`s hatten, die, die sich ihm untergaben, ihn statt ihrer wollen ließen und nun ruhig schliefen. Ob man sich wohl ein gemeines, stumpfsinniges Dasein wünschen sollte? Ach, manchmal wäre es eine Wohltat gewesen, jemand zu haben, der einem Befehle gäbe, einem alles abnähme. Felix stand in der Nacht auf, stellte sich mit einer Kerze vor den Spiegel und ließ sich von einem Gegenüber zurufen: „ Streck die Zunge aus. Leg zwei Finger an die Stirn!"

„Nein was für ein Unsinn. Das bin ich ja wieder selbst." Mit einem Blick des Überdrusses wandte er seinem Abbild den Rücken. Dann rächte er sich an denen, die es so viel leichter hatten, machte die Probe, wie weit sich`s wohl treiben ließ mit ihnen. „Runge, spuck dem Butt ins Gesicht....Jetzt spuckt Butt den Weeke. Und Weeke den Graupel. Und so weiter." Sie taten es. Es war fabelhaft.

„Wer den anderen auf die Nase trifft, wird mein Trabant." Er dachte: „Merken sie den gar nicht, was sie tun? Sie jubeln. Warum zwingen sie mich, sie so furchtbar zu verachten? Da stehe ich ganz allein. Mich spuckt keiner, darauf verfallen sie nicht. Ich hätte wirklich Lust; o, ich darf nicht; aber ich hätte Lust...." Er holte, erregten Gesichts, Butt aus dem Gedränge

und sagte ihm etwas ins Ohr. Butt sah in tief erschrocken an. „ Wird`s bald?" flüsterte Felix; und da Butt unschlüssig blieb, erhob er die Hand.
„Entweder oder."
Da tappte Butt einen Schritt rückwärts, und vor aller Augen spie er Felix mitten auf die Stirn.
Entsetzte Stille brach ein. Felix lachte leichtsinnig." Jetzt kommt was Neues. Ich tue alles, was Butt sagt." Die Menge blickte auf Butt und jauchzte befreit." Nun Butt? Sag mal was. Was soll ich tun? Weißt du nichts? Soll ich rechtsum machen?"
Butt blieb ratlos, und die Menge krümmte sich." Soll ich auf einem Bein hüpfen? Hast du denn gar keine Phantasie? Befiel mir doch dasselbe, was ich dir befohlen habe."
Butt wagte misstrauisch: „Heb den Arm auf. Lass in wieder fallen." Felix tat es; und Butt wusste nicht weiter. Aber in jeder Schulpause kam Felix auf das neue Spiel zurück. Er legte Butt nahe, was er ihm aufgeben solle. „Du kannst alles von mir verlangen, was ich sonst von dir verlangt habe; hörst du: alles.... Was musstest du um diese Zeit immer tun?" Ich musste mich entsündigen lassen, sagte Butt und wollte schon hin. „Nein, ich." Und Felix ging hinauf und streckte sich auf den Boden. Mit geschlossenen Augen: „Weiter, Butt." Einige stießen Butt vor; andere zerrten ihn wieder zurück. „Weiter, Butt."
Butt schwankte ins Zimmer hinein. Er machte die Runde um Felix… einmal, zweimal und das dritte Mal. „Was kommt jetzt, Butt?" Alles hielt den Atem an. Die Finger am Mundwinkel, stand Butt und glotzte auf Felix hinab. „Nein, das geht nicht"; und er machte kehrt.
„Butt, du tust es." „Nein, das darf er nicht," rief die Menge mit Entrüstung; und so oft Felix hiervon wieder anfing, hinderte ihn derselbe dumpfe Widerstand. Er erfand ein anderes Mittel. Butt zu seinem Herrn zu machen.
„Butt, wo geht der Weg? Geradeaus oder um den Baum

herum?“ Butt antwortete in zweifelndem Ton, Felix tat, was er vorschrieb, und alle lachten Beifall.
Es war die Zeit der Schulausflüge. „Butt, wo geht der Weg? Über die Brücke oder durch den Bach?“ Und Butt, Mut fassend: „Durch den Bach.“ Felix sprang hinein, ohne nur die Füße zu entkleiden. Wenn es zur Stunde läutete, fragte er noch rasch: „Butt, wo geht der Weg?“ „Die Treppe hinauf“; und Butt grunzte. „Wenn er gesagt hätte: nach Hause“, dachte Felix, „ich hätte es tun müssen; ich hätte es unbedingt tun müssen“ Ein Versuch lockte ihn angstvoll. „Der Weg kann auch mal unter den Tischen durchgehen“, erklärte er; und während der nächsten Stunde fragte er: „Butt, wo geht der Weg?“ „Unter den Tischen durch“, sagte Butt und machte vor Schreck die Augen zu. Als er sie öffnete, war Felix fort. „Was hat denn der dort unten zu suchen“ rief der Professor. Blutrot, mit wirrem Blick kam Felix unter der letzten Bank hervor. O, die grausame Selbstvergewaltigung, die todverachtende Hingabe, mit der er sich hinabgestürzt hatte. Herrlicher fühlte dies sich an, als wenn sie auf seinen Befehl einander verprügelt hatten. Er begegnete, voll eines entsetzlich süßen Stolzes in den Augen, die ihn untersuchten, der beginnenden Schadenfreude.
Bis dahin hatte Felix keinen Freund gehabt, hatte außerhalb der Schule mit niemand verkehrt. Jetzt trennte er sich nicht mehr von Butt, brachte ihm die fertigen Arbeiten, blieb bei ihm sitzen und sah ihn inständig an. „Butt, wo geht der Weg?“ „In die Ecke...Die Treppe siebenmal rauf und runter... Ins Hundehaus.“ Damit war Butt erschöpft. Unvermutet aber fand er etwas Praktisches. „Zum Bäcker, Apfelkuchen holen.“
Dies wiederholte er, solange Felix` Mutter noch Geld gab. „Butt, wo geht der Weg?“ „Zum Kuckuck.“ Und Felix lief vors Tor hinaus, strich mit Herzklopfen durch die Büsche, horchte, errötend und erblassend in den Wald hinein und atmete, wie

der Kuckuck rief, leidenschaftlich auf, als sei ihm das Leben geschenkt.

In der Schule prahlte Butt mit seiner Macht über den, dem alle gehorchten. Aber er bekam von ihnen Püffe dafür. Felix versuchte zu lachen, schämte sich gleich darauf seiner Verstellung und erklärte: „Butt ist mein Freund: was geht es euch an?" Er ward missbilligend und scheu betrachtet; in den Winkeln tuschelte es über ihn; freche Blicke wagten sich hervor; ein kleiner Naiver trat an ihn hinan.

„Ist Butt eigentlich mehr als du?" fragte er hell. Felix senkte, rot überflogen, die Stirn. Niemand sprach.

Alles Glück, auf das Felix sann, sollten die Sommerferien bringen, wenn er mit Butt allein wäre. Er erreichte es, dass seine Mutter auch dem Gärtnersohn den Aufenthalt am Ukleisee bezahlte. Das Bauernhaus stand halb im Wasser. Aus ihrem Fenster fischten sie. Durch das von waldigen Ufern schwarz beschattete Wasser schwankte ihr plumper Kahn. Felix schoss Stöcke ins Wasser: das waren Torpedos; und verkündete Butt, seinem Kapitän, den Sieg. Butt ließ sich zu stolzen Kommandorufen hinreißen; aber als Felix ihm einen der Stöcke, den er aus dem Wasser zog, wegnahm und dabei behauptete, das sei ein Hai, er habe seinen Kapitän gerettet und dem Hai eine Stange durch den Rachen und den ganzen Leib getrieben, da kam Butt nicht mehr mit, erklärte alles für Unsinn und streckte sich ins Boot.

„Butt, wo geht der Weg?" „Ins Wasser, das Boot schieben." Felix schwamm und schob. Er ermüdete. „Butt, wo geht der Weg?" Butt lag mit den Händen unter dem Kopf, blinzelte, schnaufte und genoss. Halbschlafend gedachte er der Zeit, als er für Felix umhergesprungen war, vor ihm gezittert hatte, sich von ihm hatte entsündigen lassen.

„Weiter, brummte er. Eine Weile darauf musste Felix gestehen: „Ich kann nicht mehr. Wo geht der Weg?" Butt wusste etwas

Neues. „Zu den – aber er unterbrach sich, gutmütig grunzend. „Ins Boot zurück." „Was wolltest du sagen, Butt?" Felix war außerstande, sich darüber zu beruhigen. Butt erlustigte sich an seiner Erregung. In der Nacht ward er wachgerüttelt. Felix stand im Hemd vom seinem Bett. „Butt, wo geht der Weg?" „Donnerwetter, jetzt hört`s auf. Zu den Fischen hinunter geht er." Im nächsten Augenblick mit Geschrei… „Nein. Nicht zu den Fischen. Ins Bett."
Felix stieg zögernd von der Fensterbank herab. „Du hast es doch gesagt." „ Es war nicht wahr. Lass mich in Ruhe." „Du hast es aber doch gesagt."

Am Morgen, als erstes Wort nach fiebrigem Schlaf, und unermüdlich Tag für Tag: „Geht der Weg wirklich nicht zu den Fischen hinunter?" „Na also: ja", machte Butt manchmal; aber dann rief er Felix zurück.
Die Schule fing wieder an. Felix betrat sie mit blassen, gehöhlten Wangen und starrem Blick. Er hatte keinen Sinn für die Vorgänge bei den anderen, für das, was Butt ihnen erzählte, für ihr Gelächter, wenn er sich zeigte. Von zeit zu zeit kam einer auf ihn zu, versetzte ihm wortlos einen langsamen Stoß mit der Schulter; und nach dieser Absage an den einstigen Herrn ging er mit saurer, strenger Miene weiter. Die Lider gesenkt, schlich Felix nur immer Butt nach, flüsterte etwas; Butt stieß mit der Schuler, wie die anderen: „Wer weiß"; und Felix stammelte qualvoll:
„Du hast es aber gesagt."
Eines Morgens war er nicht da. Am zweiten Tag erst fand Butt unter seinen Heften den Zettel, auf den Felix geschrieben hatte: „Der Weg ging doch zu den Fischen hinunter."

Jungen und Männer werden »weichgespült«

Viele Erwachsene fühlen sich um das Glück ihrer eigenen Kindheit betrogen. Ihre Gefühle reichen von zwiespältig über ablehnend bis unerträglich, wenn Kinder Vertrauensbeziehungen ohne sie pflegen. Erwachsene erweisen sich als wahre Meister, wenn es darum geht, dem Streben ihrer Kinder nach privatem Glück auf die Schliche zu kommen. Sie sind sich in diesem Punkt in sonderbarer Weise ausnahmsweise einmal alle einig. Denn als sie selber noch Kind waren, haben sie etwas erlebt, was sie sehr verletzt hat. Dies äußert sich in großer Irrationalität, Verbitterung. Das lässt das Innere hochkochen; die Wunden sind nur oberflächlich verheilt. Und zusätzlich aufgestachelt durch die Sensationsmedien laufen sie Amok; mal zölibatär lächelnd, mal mit Schaum vor dem Mund. Dies geschieht unbewusst! Wie überhaupt 6 / 7 (!) menschlichen Handels das Ergebnis unbewusster Prozesse ist (GEO 12 / 2004).

Auf dem Volksfest (Halmstad / Schweden)

Aber wenn ein Thema derartige Emotionen zu entfesseln vermag, muss es sich um ein wichtiges und richtiges Thema handeln. Zudem von rigiden Moralvorstellungen geprägt, können Menschen rasend vor Vergeltungssucht werden: wie bei einem bekannten deutschen Schauspieler kürzlich in einer Fernseh-Talkshow.
Der Herzenstod bedingt den Hirntod. Dies führt zu Kreativitätsblockaden im neuronalen Netzwerk. Durch den dadurch entstehenden Abbau geistiger, körperlicher und sozialer Kompetenz ist der wirtschaftliche, soziale und kulturelle Abstieg nicht aufzuhalten.
Isolation, Einsamkeit, Mangel an sozialen Kontakten hemmen das Wachstum der Nervenzellen im Gehirn. Der Zeitgeist ist gegen Jungen und ihre oft atemberaubenden Fähigkeiten gerichtet. Abwertung, Ausgrenzung und Bevormundung sind auch das Ergebnis eines augenscheinlich überzogenen Feminismus.

Zusammenfassende Schlusskapitel

Eine Reihe von Verletzungen, teilweise aus Eifersuchtsattacken, Krankheiten und Ärztepfusch mit langwierigen Folgen begleiteten mich seit meiner frühen Jugend. Dies führte zu körperlichen und gesundheitlichen Einschränkungen. Dazu kamen Schicksalsschläge, wie das Einschläfern meiner geliebten Haustiere (die in ihrer Todesstunde wie Kinder weinten) aufgrund traumatischer Umstände, die ich bis heute nicht verstehe.
Das hat in mir eine weitere nicht heilende Wunde zurückgelassen. Ebenso der frühe Tod meines zweiten Kindes, wie auch der Tod meiner Mutter, die in meinen Armen den Hungertod starb. Aber es gibt viele Menschenschicksale, die ähnlich sind, und Menschen bedürfen manchmal einer besonderen Kraft, um zu überleben. Wohl dem, der so ein kraftspendendes Wesen unter seinem Dach beherbergt, sorgsam damit umgeht und daraus Lebensmut und Zuversicht zu schöpfen vermag. So gesehen ist es fast verständlich, wenn Eltern ihr Kind mit »Zähnen und Klauen« verteidigen, um vermeintliche

»Eindringlinge« abzuwehren; entgegen jeder psychologischen und pädagogischen Vernunft. Diese Zuwendung, die Deine Erwachsenen von Dir einfordern, ist mehr als nur ein Pflaster für ihre einsame, ruhelose, frierende Seele. Oft dient es ihrer emotionalen Grundversorgung und häufig bist Du für sie wie ein ganzer Verbandskasten, bzw. ein ganzes Lazarett. Und gerate ich in das mysteriöse, geheimnisvolle und unerklärliche Wirkungsfeld so eines Wesens, dann nehme ich dieses Geschenk gerne an, wende mich aber schnell ab, bevor es aufdringlich wirkt und meine verstohlenen Blicke verunsichernd wirken könnten. Ich lächle still vor mich hin, und denke etwa: »Junge, weißt du eigentlich, wer du wirklich bist? Und weißt du, was andere von dir wissen?« Wahrscheinlich weißt du es nicht, weil deine Erwachsenen dir ständig etwas anderes erzählen, mit Nebensächlichkeiten beschäftigt sind und deine Botschaft nur vage wahrnehmen, ohne deren tieferen Sinn so richtig verstanden zu haben. ICH jedenfalls habe verstanden; deine Botschaft ist angekommen! Manchmal schlägt sie einem regelrecht entgegen, so dass der Atem stockt: dann wieder

blüht sie still im Verborgenen und erschließt sich erst so nach und nach … Nein – du kannst MICH nicht hinters Licht führen; versuch gar nicht erst, auf naiv, unschuldig, ahnungslos, harmlos oder unwissend zu machen, wenn du Wellen astralen Lichts – für physische Augen unsichtbar und nur metakommunikativ erfahrbar – um dich herum versprühst …

Doch wie läuft so ein Übertragungsprozess nun eigentlich ab? Als Erstes natürlich durch die Wahrnehmung von Harmonie und Ausgewogenheit der äußeren Form (Formstrahlung). Dann durch die Beschaffenheit der Oberfläche; ferner durch Mimik, Gestik, Bewegung, Kleidung: All das spricht eine geheime Sprache. Dies gilt aber keineswegs nicht nur für das Kind des Menschen – es gilt auch für ein hübsches Tier, eine schöne Naturlandschaft, ein Kunstwerk, einen besonderen Klang, eine gutschmeckende Speise usw. Aber das erhabenste Kunstwerk ist der Mensch in seiner Vollendung.

Es öffnet sich das Quantenfeld

Das gilt natürlich besonders für ein Wesen, das zumindest zeitweise nicht von dieser Welt zu sein scheint. Im Übrigen scheinen viele deiner Altersgenossen sowieso mehr oder weniger Harry-Potter-mäßig drauf zu sein. Durch den mangelhaften Kenntnisstand über deine Person entsteht durch dein So-Sein bei den Menschen Ratlosigkeit und Verunsicherung. Sie lieben es nicht, sich mit deiner Person allzu sehr auseinanderzusetzen. Aber insgeheim besteht über dich auch eine große Neugier. Und es ist ein Wagnis, mit dir eine Satellitenbeziehung einzugehen – deine Erwachsenen dürsten dann nach Rache für ihr verletztes Ego. Denn nichts ist nach ihrer Auffassung selbstverständlicher, als dass Eltern ihre Kinder lieben, und umgekehrt genauso. Wobei sie nicht mit jeder Menge Spielzeug und »Extrazahlungen« sparen, um dem ein bisschen nachzuhelfen, damit du sie – wenn oft auch widerwillig – gewähren lässt.

Kinder werden nicht gefragt

Tante Karin mit ihrer schlabberigen Zunge »badet« dich regelrecht beim Küssen, Onkel Walter ekelt dich mit Mundgeruch und Oma Margot hat ein »Klappergebiss«.

Kleiner historischer Rückblick: Erziehung zur Zeit der Antike in der Mittelmeerregion

Das Beschützersyndrom

Die Erziehung in der Mittelmeerregion damals kann nach dem heutigen Verständnis als leichtfertig, gedankenlos, unverantwortlich gesehen werden; das Verhalten der damaligen Erziehungsberechtigten muss nach zurzeit gültiger Auffassung wie ein Schlag ins Gesicht jedes Vaters, jeder Mutter, jedes Erziehungsberechtigten sein. Denn in unserer hochentwickelten Zivilisation ist die lückenlose Überwachung, die Verfolgung auf Schritt und Tritt Standard. Und all die zahlreichen Organisationen, die angeblich alle um das Kindeswohl besorgt sind – einen Jugendschutz im heutigen Sinne gab es damals nicht. Umso erstaunlicher, dass in der damaligen Gesellschaft nicht das völlige Chaos ausbrach.

Der Pavlowsche Kindeswohl-Reflex

Helen Lovejoy, die Gattin des bigotten Pfarrers; ihr Tremolo: Kann denn nicht ein einziges Mal jemand an die Kinder denken? (In:Springfield und die Simpsons).In verblüffender Regelmäßigkeit werden handfeste politische Forderungen mit dem Verweis auf das Kindeswohl begründet. Es scheint kein besseres Motiv zu geben; egal für welche Forderung. Und auf dem Höhepunk der Edathy-Affäre geriet ein ganzes Volk in Aufruhr.

Prompt kam dann auch die Forderung nach härteren Strafen. Und das applaudierende Publikum war sich schon wieder einig: Kinderschutz müßte an erster Stelle stehen (S. a. „Das Beschützersyndrom“.). Dies ist das panzerbrechende Argument. Die Medien sehen ihreAufgabe darin, die Wut auf den bösen Mann hinterm Busch anzuheizen („Männer sind Schweine“). Populisten aus der Politik schlagen Kapital aus dem lodernden Volkszorn. Die umsichgreifende Hysterie rüttelt am Fundament der Gerechtigkeit. BILD schafft inzwischen die Unschuldsvermutung ab und tritt die Empörungswelle los. Volksvertreter stacheln das gesunde Volksempfinden auf. Voll Inbrunst machen sich Boulevardblätter und Fernsehsender über den „Saustall Justiz“ her, der solche „Monster“ frei herumlaufen läßt. Es ist eine Mischung aus Selbstgerechtigkeit und Voyeurismus ,das der Leserschaft ein wohliges Grauen beschеert: ... sind deine Kinder vor solchen Ungeheuern wirklich sicher? Gerechtigkeitsfanatiker laufen zur Hochform auf, Kinder werden auf dem Schulweg mit Handys und Sendern ausgerüstet. „Doch eine Welt ohne Gefahren gibt es nicht“, schreibt der Kriminalpsychologe Rudolf Egg. Die Haftanstalten platzen aus allen Nähten und ständig müssen neue gebaut werden. Doch Tatsache ist, das 99,9% aller ermordeten Kinder nicht von dem bösen Fremden erfolgen, sondern von Mutter, Vater oder Verwandten erstochen, erschlagen, vergiftet, erdrosselt, totgeschüttelt oder aus dem Fenster geworfen werden.

Wenn Mama zum Monster wird

Frankfurter Rundschau 2007: „...fügen den Kindern unsägliche Qualen zu (Münchhausen - Syndrom). Und es fällt auf, das Mütter mit ihren Kindern von Arzt zu Arzt, von Klinik zu Klinik wandern, dann aber jedesrnal ihre Zeit scheinbar aufopfernd am Bett der Kinder verbringen und die Ärzte zu schwerwiegenden Eingriffen zu ermuntern versuchen." Vergiftungen, Erstickungen, Magen-Darm-Blutungen, Harnwegsinfektionen, chronische Knochenhautentzündung, Blutvergiftung, Knochenbrüche mit Hammer: „Das tue ich nur zu deinem Besten". Wenn das Kind sich wehrt, rastet die Mutter aus.

Dr. Saskia Etzold, Rechtsmedizinerin

An der Charité untersucht Dr. E. täglich mißhandelte Kinder, lebend oder tot. Etzold: „Ich habe das Gefühl, das Elternrechte wichtiger sind als Kinderrechte. Ihr Buch heißt: „Deutschland mißhandelt seine Kinder". Und ist eine wütende Anklage gegen ein Land, das Kindesmißhandlungen „kollektiv verleugnet". Drei tote Kinder begegnen Etzold jede Woche, und siebzig, die so schwer mißhandelt wurden, das sie Ärztliche Hilfe brauchen. Nach konservativer Schätzung gibt es jährlich 200000 mißhandelte Kinder in Deutschland. Wie paßt das zu den lauten Rufen „Kinder müßten an erster Stelle stehen?" Manche betreiben regelrechtes Kinderärzte-Hopping, um sich Nachforschungen zu entziehen. Datenschutzgründe erlauben es den Tätern Taten zu verschleiern. „Auch wir finden, das Familie der beste Ort ist, in dem Kinder aufwachsen können", sagt Etzold. Der größte Teil der Eltern geht toll mit seinem Kindern um. „Aber wir wissen von Fällen, in denen Kindern in den Familien die Knochen gebrochen werden".

Tod in München

In Bezug auf das Kindeswohl ist mir ein besonders widersprüchlicher Fall in Erinnerung geblieben. Bericht in der ARD 1990. „Die Schwächsten der Schwachen brauchen Menschen, die für sie kämpfen. Die ist eine, der gängigen Formulierungen und besonders beliebt z.B. bei Präsidentenwahlen. Als zwei Kinder auf dem dünnen Eis des Olympiateiches einbrachen und um Hilfe riefen, war jedoch niemand bereit von den zahlreichen Zuschauern, um die Kinder aus dem für Erwachsene brusttiefen Wasser zu retten". Die Kinder ertranken und erfroren elendig. „Zuwenig Anteilnahme…" klagte der damalige Oberbürgermeiste K. Die Staatsanwaltschaft: „Wo waren die Schwarzen Sheriffs? (die sich unter den Zuschauern befanden). Dr. Rupp, der Notarzt, weigerte sich, Auskünfte zu geben. „Ich möchte nicht immer daran erinnert werden". Eine Mutter: „Die Schwarzen Sheriffs haben nur dagestanden". Sogar die Familien wurden bedrängt. Die Polizei wollte wissen „wo waren die Väter zum Zeitpunkt des Unglücks?" Auch der Bruder des einen Jungen wurde befragt. Vor der Kamera wollte sich keiner äußern, obwohl sie sonst eine große Klappe haben. Eine Mutter: „Sicher waren auch Familienväter darunter . . . und warum gingen die Schwarzen Sheriffs nicht ins Wasser?"

Einmal in der Geschichte haben Schönheit und Geist zusammengefunden: Erziehung zur Zeit der mittelmeerischen Hochkulturen

Die trübe rinnende Phantasie wagt sich gar nicht vorzustellen, was alles Schlimmes passieren kann mit den sich schutzlos selbst überlassenen Kindern! Aber einen derart widersprüchlichen Jugendschutz, zudem mit Bevormundung und Überwachung, gab es damals nicht. Doch die nach heutiger Auffassung zu erwartenden physischen, psychischen, sozialen und moralischen Schäden wollten sich damals partout nicht einstellen; und es endete auch nicht alles im Chaos. Wie konnte es geschehen, dass sich aus einer nach unserer Auffassung unbeschützten Jugend die Blütezeit der menschlichen Kultur entwickeln konnte? Was ist da schiefgelaufen? Die Menschen erfreuten sich an dem Schönen, Wahren,

Guten; auch der Engelskult hat hier seine Wurzeln. Doch wie ging die Geschichte weiter? Der hohe kulturelle Entwicklungsstand und das Glück der Menschen entfachten Neid und Missgunst unter den Nachbarn und den marodierenden herumziehenden Horden. Sie drangen dort ein, und weil ihnen jegliche Herzensbildung und Reife fehlten, um es zu verstehen, zerstörten sie diese Hochkultur – ihre Primitivität wandelte sich in Hass.

Verlust der kulturellen Identität

Es hat in Europa Bestrebungen gegeben, diese alte Kultur neu zu beleben, was sich aber dauerhaft nicht etablieren ließ, da die Wurzeln – die spirituelle Grundlage – längst zerstört waren. Etwas anderes musste nun her. Man begann, viel Kriegsgerät zu entwickeln und einzusetzen, um ganze Länder und Völker zu zerstören. Ein Grund dafür war immer schnell gefunden. Doch Krieg in großem Stil ist ins Gerede gekommen. Heute sind Gewalttaten angesagt. Auch das ist äußerst lukrativ, und massenhafter Mord gehört heute zur gediegenen Abendunterhaltung in den Medien.
Selbst die Kleinsten üben heute schon das Töten am PC. Wegen der Altersfreigabe guckt man dort nicht so genau hin. (Verzeihen Sie mir diesen – nun doch wieder etwas zu lang geratenen Exkurs – der mir unumgänglich schien, und lassen Sie mich noch einmal zum schon erwähnten Engelskult zurückkehren.)
Warum musst du denn manchmal so hoch – so verdammt hoch – fliegen?
Es erfüllt mich mit Sorge, Angst und Trauer, deine Flügelchen könnten versengen oder gar verbrennen. Und niemand ist da in dieser über deine Person völlig ignoranten Welt, um dich aufzufangen. Ganz zu schweigen davon, wenn dir deine wichtigsten »Arbeitsutensilien«

Köcher, Bogen und Fackel abhandenkommen und nicht mehr auffindbar sind?
Dein Glücklichsein ist ihnen unerträglich. Es läßt ihr verkrüppeltes, inneres Kind – tief ins Unbewusste abgedrängt – hochkochen. Es revoltiert, es tobt, es schreit und läßt die Seele bluten und nicht zur Ruhe kommen: Es sinnt auf Rache für die verlorenen, eigenen Kindheitsfreuden. So geschehen auch bei Calvin Klein, amerikanischer Modedesigner. Er demonstrierte in New York eine Dessous-Kollektion mit 13- bis 16jährigen Models auf bis zu 50 m großen Plakatwänden (in Amerika sind solche Formate üblich). Die Amerikaner waren zunächst begeistert und C. Klein erhielt eine Reihe von Awards für seine Kunst. Doch aus Kunst wurde plötzlich

etwas Obszönes. Denn man ist ja hier nicht irgendwo, sondern schließlich in Amerika! Vor allem die mächtigen Frauenverbände protestierten (nun war auch noch gerade Wahl). C.Klein mußte seine preisgekrönten Werke entfernen und ersetzte seine Modelle nun mit über 20Jährigen. So konnte Amerika wieder ruhig schlafen. Fundamentalismus, Fanatismus und das schlechte Gewissen waren befriedigt. Der Untergang der abendländischen Kultur konnte gerade noch abgewendet werden.
O. K., ICH jedenfalls habe deine unbewusste Botschaft empfangen und verstanden. Eine Botschaft, die an Originalität, Glaubwürdigkeit und Authentizität ihresgleichen suchen dürfte. Gestärkt und mit frischem Lebensmut setze ich meinen Weg fort. Dann denke ich manchmal an einen Runenstein, den ich vor vielen Jahren in einem nordischen Land an einem Kreuzweg entdeckte. Und an die kryptischen Zeichen, die man dort in grauer Vorzeit eingemeißelt hat, und die man bis heute nicht enträtseln konnte:

ICH BERGE EIN GROSSES GEHEIMNIS

Zusammenstellung jungenspezifischer Phänomene

Physischer Bereich

Starke elektrostatische Felder und elektromagnetische Schwingungen im absoluten Tiefschlaf messtechnisch nachgewiesen (Tiefschlaf-„Weltmeister"). „Wenn der Mieter das Haus verlässt..." Oft ausgeprägte Hinterkopfwölbung nach hinten/ oben. Auffallend hochstehende Frisur wegen starker elektomagnetischer Aktivität, insbesondere am Morgen. Orientierungslosigkeit nach dem Aufwachen aus dem „Schlafkoma."

Neurophysiologischer Bereich

Extrem hohe Melatoninproduktion. Hirnanhang- und Zirbeldrüse extrem ausgeprägt im hinteren, oberen Kopfbereich: (Gross wie eine Kinderfaust). Die wichtigsten Organe zur Kontaktaufnahme mit der supramentalen Außenwelt. Schrumpft beim Erwachsenen oft auf Haselnussgröße.

Metaphysischer Bereich

Über das 5. Prinzip (Buddhis), Zugriff auf Prinzip 6 (Engelebene). Mathematische Genies, hohe Merkfähigkeit und Geschicklichkeit, große Kraftleistung, hoher Sozialfaktor. Oft hoher Niedlichkeitsfaktor (Symphatieträger in der Fernsehwerbung), jedoch durch die z. Zt. geltenden, dominanten, unnatürlichen, künstlichen „Schönheits"-Normen ansonsten verdrängt, ausgegrenzt, abgewertet.

Supramentaler Bereich(Prinzip7) nach Rudolf Steiner

„Jünglinge im Feuerofen."

Leben zugleich in verschiedenen Welten (Schizophrenie), halluzinatorische Effekte (objektive Projektion vom Gehirn auf die Netzhaut). "Geschenke vom lieben Gott", die verunsichern und Angstmachen. „Herr Dr., mein Kind spinnt!" Der Spiegel: „Die verblödete Republik." Zudem sind Jungen gesuchte Kontaktpersonen für Geister (The sixt sense), und bevorzugte Spielkameraden für Tiere.

Außerordentliche prophetische Begabung von Jungen als Ausgangspunkt für die Entwicklung mittelmeerischer Hochkulturen. Bis heute beharrlich geleugnet und ignoriert (Pooling of Ignorance).

Verzeichnis über Literatur, die mir bei meiner Forschungsarbeit hilfreich zur Seite gestanden hat:

BIRACH, A. : Mentales Training. Düsseldorf, 1979

BORNEMANN, E.: Die Umwelt des Kindes im Spiegel seiner »verbotenen« Lieder, Reime, Verse und Rätsel. Ullstein Verlag, Frankf. / M., 1980

BOLDT, U.: Ich bin froh, dass ich ein Junge bin. Schneider Verlag Hohengehren, 2004

ENGEL der Liebe.
Wilhelm Heyne Verlag München, 1994

ESOTERA
Freiburg, 1974, S. 1026–1043

FEUERABEND, S.: Das Yoga-Sutra. Goldmann, 1989

FOCUS, 32 / 2002: Das benachteiligte Geschlecht.
FOCUS, 43 / 2002: Das Jungenproblem.

GEO, 3 / 2003: Jungen – werden sie zu Sorgenkindern der Gesellschaft?
GEO, 12 / 2004: Das Unbewußte. Die Kraft, die uns bremst und treibt.

GRÄF, D.: Was ist ein Naturgesetz?
Praxis der Naturwissenschaft, Chemie, 1987, S. 36–41

LIEDKE, D.W.: 31 Fragen nach dem Wesen der Welt.
Mallorca, 2006

LYSEBETH, A. van: Die große Kraft des Atems.
München, 1982

MIERS, H. E. : Lexikon des Geheimwissens, Goldmann, München, 1993

MURDOCK , M.: Dann trägt mich meine Wolke. Freiburg, 1989

MEDIENREPORT: NDR III, 19.11.86: »Wir drucken, was uns drückt.« Jugendliche als Medienproduzenten

MULDOON , S. J., / C ARRINGTON , H.: Die Aussendung des Astralkörpers. Freiburg, o. J.

PATANJALI : In der Übersetzung von Bettina Bäumer: O.W. Barth, München, 1982

PENROSE , Th.: Quantentheorie und Gehirn, o. J.

SCHRÖDTER, WILLY: Grenzwissenschaftliche Versuche, Freiburg, 1975

SPIEGEL, 21/2000: Angeknackste Helden

STERN , 24, 2000: Jungs, das schwache Geschlecht.

SUINN, Richard M.: Übungsbuch für Mentales Training Verlag Hans huber Bern, 1989

TAUCHER, P.: Der Einfluß von Entspannungs- und Meditationstechniken auf das Lernvermögen von Schulkindern Universität Wien, 1982

VAITL, D.: Entspannungstechniken, in: Enzyklop. d. Pädagogik, Bd. 8

VEREINIGUNG für ideale Erziehung und Bildung (WKI) Sekretariat: Am Berg 2, Bissendorf, o. J.

YESUDIAN, S. und HAICH, E.: Sport und Yoga, München 1972, o. J.

Nandor Papoň ist Dipl. Paed.
Er hat über Jahrzehnte die
Verhaltensweisen und
Lebenswelten von Jungen erforscht.

Schwarzweißfoto des Verfassers im Alter von ca. 12-13 Jahren